Ausgesprochen oder nur
gedacht – Worte wirken

Doris Wieser

Ausgesprochen oder nur gedacht – Worte wirken

Doris Wieser
8011 Graz, Österreich

ISBN 978-3-662-72166-7   ISBN 978-3-662-72167-4   (eBook)
https://doi.org/10.1007/978-3-662-72167-4

Die Deutsche Nationalbibliothek verzeichnet diese Publikation in der Deutschen Nationalbibliografie; detaillierte bibliografische Daten sind im Internet über https://portal.dnb.de abrufbar.

© Der/die Herausgeber bzw. der/die Autor(en), exklusiv lizenziert an Springer-Verlag GmbH, DE, ein Teil von Springer Nature 2025

Das Werk einschließlich aller seiner Teile ist urheberrechtlich geschützt. Jede Verwertung, die nicht ausdrücklich vom Urheberrechtsgesetz zugelassen ist, bedarf der vorherigen Zustimmung des Verlags. Das gilt insbesondere für Vervielfältigungen, Bearbeitungen, Übersetzungen, Mikroverfilmungen und die Einspeicherung und Verarbeitung in elektronischen Systemen.
Die Wiedergabe von allgemein beschreibenden Bezeichnungen, Marken, Unternehmensnamen etc. in diesem Werk bedeutet nicht, dass diese frei durch jede Person benutzt werden dürfen. Die Berechtigung zur Benutzung unterliegt, auch ohne gesonderten Hinweis hierzu, den Regeln des Markenrechts. Die Rechte des/der jeweiligen Zeicheninhaber*in sind zu beachten.
Der Verlag, die Autor*innen und die Herausgeber*innen gehen davon aus, dass die Angaben und Informationen in diesem Werk zum Zeitpunkt der Veröffentlichung vollständig und korrekt sind. Weder der Verlag noch die Autor*innen oder die Herausgeber*innen übernehmen, ausdrücklich oder implizit, Gewähr für den Inhalt des Werkes, etwaige Fehler oder Äußerungen. Der Verlag bleibt im Hinblick auf geografische Zuordnungen und Gebietsbezeichnungen in veröffentlichten Karten und Institutionsadressen neutral.

Planung/Lektorat: Marion Krämer
Springer ist ein Imprint der eingetragenen Gesellschaft Springer-Verlag GmbH, DE und ist ein Teil von Springer Nature.
Die Anschrift der Gesellschaft ist: Heidelberger Platz 3, 14197 Berlin, Germany

Wenn Sie dieses Produkt entsorgen, geben Sie das Papier bitte zum Recycling.

Meiner Familie

Geleitwort

„Sticks and stones may break my bones, but words will never hurt me" – wer dieser alten englischen Weisheit blind vertraut, hat vermutlich noch nie eine vernichtende Restaurantkritik gelesen oder die berüchtigten Worte „Wir müssen reden" gehört.

Die Macht der Worte ist unbestritten. Sie können Türen öffnen oder schließen, Herzen erwärmen oder erkalten lassen, Kriege beginnen oder beenden. Ja, manchmal reicht ein einziges falsches Wort, um jahrelang aufgebautes Vertrauen zu erschüttern – oder ein richtiges, um einen Menschen aus der tiefsten Verzweiflung zu holen.

In diesem Buch widmet sich Doris Wieser der faszinierenden Wirkung unserer verbalen und mentalen Kommunikation. Mit scharfsinniger Beobachtungsgabe und jahrelanger Expertise zeigt sie auf, dass unsere Worte – ob laut ausgesprochen oder nur in Gedanken geformt – wie kleine energetische Funken sein können. Manchmal glimmen sie unscheinbar vor sich hin, manchmal entfachen sie einen lodernden Brand.

Besonders spannend wird es, wenn wir uns der oft unterschätzten Kraft unserer unausgesprochenen Worte bewusst werden. Denn auch unsere Gedanken, diese stillen Begleiter des Alltags, formen unsere Realität wie unsichtbare Bildhauer. Wer kennt das nicht: Da sitzen wir in einer wichtigen Besprechung und führen parallel einen lebhaften inneren Dialog – meist deutlich unterhaltsamer als das eigentliche Meeting.

Die Autorin nimmt uns mit auf eine erhellende Reise durch die Welt der Kommunikation, bei der sie gekonnt wissenschaftliche Erkenntnisse mit praktischer Lebensweisheit verbindet. Dabei verzichtet sie erfreulicherweise auf den erhobenen Zeigefinger und zeigt stattdessen mit humorvoller Leichtigkeit, wie wir die Macht der Worte positiv für uns nutzen können.

Dieses Buch ist ein Weckruf für alle, die ihre kommunikativen Fähigkeiten verfeinern möchten – sei es im Beruf, in der Partnerschaft oder im Umgang mit sich selbst. Es ist eine Einladung, bewusster mit unseren Worten umzugehen und dabei die Balance zwischen Authentizität und Achtsamkeit zu finden. Denn manchmal ist es eben doch besser, die eine oder andere gedankliche Kostprobe nicht zum Besten zu geben – auch wenn sie noch so geistreich erscheinen mag.

Lassen Sie sich von Doris Wiesers kenntnisreicher und zugleich unterhaltsamer Führung durch die Welt der Worte inspirieren. Entdecken Sie, wie Sie durch bewusste Kommunikation Ihr Leben und das Ihrer Mitmenschen positiv beeinflussen können. Denn eines ist sicher: Worte wirken – ob wir wollen oder nicht.

In diesem Sinne wünsche ich Ihnen eine aufschlussreiche und vergnügliche Lektüre. Und denken Sie daran: Auch wenn unsere Gedanken frei sind wie Vögel, sollten wir ihnen vielleicht manchmal die Hand aufhalten und ein wenig Futter anbieten für einen kurzen Zwischenstopp, bevor wir sie wieder in die Welt hinausfliegen lassen.

Viel Spaß und faszinierende Erkenntnisse wünscht
Dipl.-Psych. Michael Tomoff
Autor von *Positive Psychologie – Erfolgsgarant oder Schönmalerei?* und Kreateur
des Blogs „Was Wäre Wenn" auf tomoff.de

Danksagung

Ein Buch schreibt sich nicht im Alleingang. Um ein Buch zu schreiben, braucht es Menschen. Menschen, die aufmuntern, beraten, inspirieren, trösten, unterstützen. Ohne sie würde es dieses Buch nicht geben. Ein herzliches DANKESCHÖN an alle Menschen, die dazu beigetragen haben, dass dieses Werk ein rundes, ein harmonisches und für mich sehr wertvolles Gesamtwerk wurde.

Im Speziellen möchte ich folgende Menschen erwähnen:

Ein liebes Dankeschön geht an meine Familie. Sie unterstützt stets meine Pläne. Ohne sie würde es dieses Buch nicht geben.

Ein großer Dank geht an Frau Mag. phil. Dr. phil. Nicole Winkler-Krämmer, Bakk. phil. BEd MEd für wertvolle Impulse.

Vielen lieben Dank an Frau Dr. med. univ. Karin Fessl für die vielen wertvollen Gespräche, Inspirationen und für manche inhaltliche Erläuterungen.

Ein Danke an den Springer Verlag, im Speziellen an Frau Marion M. Krämer. Sehr herzlich danke ich Thomas Bauer von deblik (Berlin) für das Buchcover. Das Cover gibt dem Buch seine individuelle und einzigartige Note.

Ein besonderer Dank gilt Ihnen, liebe Leserschaft, für Ihr Interesse an meinem Buch. Ich freue mich, wenn Sie den einen oder anderen inspirierenden Impuls entdecken, der Ihr Leben bereichert. Ich wünsche Ihnen viel Erfolg auf Ihrem Weg!

Beginnen möchte ich mein Werk mit den viel zitierten Worten aus dem Talmud – mit Worten mit Gewicht:

Achte auf Deine Gedanken, denn sie werden Worte.

Achte auf Deine Worte, denn sie werden Handlungen.

Achte auf Deine Handlungen, denn sie werden Gewohnheiten.

Achte auf Deine Gewohnheiten, denn sie werden Dein Charakter.

Achte auf Deinen Charakter, denn er wird Dein Schicksal.

Worte zur Einleitung

Liebe Leserschaft!
Worte wirken, Worte hinterlassen Spuren: Worte haben Power. Sie sind nicht nur Ausdruck von Gedanken, sondern Worte haben Kraft und sind mächtig. Worte trösten, Worte erzeugen Freude, können inspirieren und regen zum Nachdenken an. Worte können Angst machen oder heilen, Worte können Berge versetzen. Manche Worte machen wütend oder hinterlassen Sorgenfalten, andere wiederum sind aufbauend, liebevoll, wertschätzend, zaubern ein Lachen ins Gesicht und versprühen Zuversicht, Hoffnung und Mut. Worte berühren, verführen, faszinieren.

Genauso gut können sie verletzen, Menschen manipulieren, richten oder gar vernichten und Schmerz verursachen. Das richtige Wort zur rechten Zeit vermag den Weg zu weisen und Veränderung zu bringen. Worte prägen Beziehungen und können die Lebensqualität erheblich beeinflussen. Sie sorgen für Zufriedenheit oder Unzufriedenheit und formen die eigene Persönlichkeit. Egal, ob Worte ausgesprochen werden oder sich unausgesprochen gedanklich formieren.

Worte wirken nach außen und gleichzeitig nach innen. Manchmal sind es nicht die Aufgaben selbst, die uns zusetzen, vielmehr sind es sorgenvolle Gedanken, einer Situation nicht gewachsen zu sein, und dies löst den Stress aus. Wer vor Wut kocht, spürt das innere Feuer förmlich brennen und die Mitmenschen merken dies ebenso. Worte haben einen direkten Einfluss auf unsere Stimmung, sie erzeugen Gefühle und schaffen eine Atmosphäre. Entweder eine Atmosphäre, in der sich Menschen wohlfühlen und förmlich aufblühen, oder eine Atmosphäre, in der wenig blüht. Worte verwurzeln sich im Unbewussten und entfalten sich – im guten Sinne ermutigen sie, im weniger guten Sinne lähmen sie Menschen.

Die eigenen Worte achtsam zu wählen, ist eine lebenslange Aufgabe. Zum einen solche zu wählen, die Respekt und Wertschätzung ausdrücken – sich selbst und seinen Mitmenschen gegenüber. Zum anderen solche zu wählen, mit denen man sich selbst wohlfühlt und denen Hoffnung und Zuversicht innewohnen. Die individuellen Gedanken achtsam wahrzunehmen, hinderliche, schwere oder verletzende Gedankenmuster zu erkennen und gegebenenfalls Methoden zu erlernen, sie in eine andere Richtung zu lenken, sind Teil dieser lebenslangen Aufgabe. Und sich hin und wieder zu hinterfragen:

- *Achte ich auf meine Wortwahl?*
- *Welche Gedanken sind in meinem Kopf?*
- *Wie wirken meine Worte?*

Das vorliegende Buch dient als Inspirationsquelle und Bereicherung. Es regt zum Innehalten und Reflektieren an. Es zeigt ebenso individuelle Weiterentwicklungsmöglichkeiten. So kann die Lektüre einen Fundus bieten, auf dem

Ideen und neue Gedanken wachsen. Manchmal schafft ein Text, was einem selbst nicht gelingt: sich neu zu orientieren – und dafür kann schon ein Satz genügen.

Ich weiß, manches klingt in der Theorie recht einfach. Es im alltäglichen Geschehen umzusetzen, ist eine andere Sache. Auf alle Fälle lohnt es sich, dranzubleiben.

„Manches ist augenscheinlich einfach – und doch unwahrscheinlich komplex. Und manches scheint unwahrscheinlich komplex und ist doch augenscheinlich einfach. – Einfach so. So einfach" (Mag. phil. Dr. phil. Nicole Winkler-Krämmer, Bakk. phil. BEd MEd).

Doris Wieser
Eine inspirierende Lektüre!

Lektüreempfehlungen

Jeder liest ein Buch anders, weil jeder einen anderen Zugang hat, weil jeder etwas anderes braucht und sucht. Sie beginnen an jener Stelle, die für Sie am spannendsten klingt. Intertextuelle Verweise helfen Ihnen, nähere Informationen zu bestimmten Themen zu erhalten. Somit bleibt eine maximale Offenheit zum Lesestoff erhalten und niemand ist an eine starre Struktur gebunden.

Die Themen, die ich in den verschiedenen Kapiteln vorstelle, sind für mich relevante Aspekte der Wirkung von Gedanken beziehungsweise Worten. Und somit Teil der Persönlichkeitsentfaltung und lebenslangen Lernens. Die Auseinandersetzung mit der Kraft von Gedanken und Worten führt zunehmend zu einer sprachlichen Sensibilisierung. Aus dem Leben gegriffene Beispiele zeigen bestimmte Situationen und initiieren einen Perspektivenwechsel. Sie helfen, das Geschriebene besser zu verstehen, und stammen aus meinem Beobachtungsfundus. In dem einen oder anderen Beispiel werden Sie sich sogar wiedererkennen und wiederfinden – möglicherweise auch den einen oder anderen Mitmenschen.

- Wenn Sie Näheres über Gedanken und Worte erfahren möchten und darüber, was die Stimme (über uns) verrät, starten Sie mit Kap. 1.
- Wie kraftvoll Gedanken sind, finden Sie in Kap. 2 beschrieben.
- Um nicht in Stress und Gefühle verwickelt zu werden, sondern diese als Entwicklungsschritte zu sehen, erhalten Sie im Kap. 3 wertvolle Impulse.
- Die Macht des Unbewussten ist der Schwerpunkt von Kap. 4.
- Ein mutiger Blick in unser Inneres erlaubt es Ihnen, sich von hinderlichen Erfahrungen und Erlebnissen zu lösen und neue Denkweisen zu verinnerlichen. Kap. 5 gibt Aufschluss darüber.
- Die eigenen Worte achtsam zu wählen und Wertschätzung zu leben, ist eine lebenslange Aufgabe. Kap. 6 liefert Ihnen dazu wertvolle Informationen.

Inhaltsverzeichnis

1 **Worte und Gedanken begleiten und umgeben uns**   1
   1.1 Ein Blick ins Kapitel   1
   1.2 Ob wir wollen oder nicht: Wir kommunizieren immer!   2
   1.3 Das Gesagte. Das Gehörte   5
   1.4 Was die Stimme (über uns) verrät   9
   1.5 Gedanken kommen. Gedanken gehen   12
   1.6 Gedanken formieren sich Schritt für Schritt entlang der eigenen Geschichte   15
   Literatur   20

2 **Gedankenkraft – Wortkraft**   23
   2.1 Ein Blick ins Kapitel   23
   2.2 Was sich hinter unseren Gedanken verbirgt   24
   2.3 Die Vielfalt von Gefühlen   26
   2.4 Das ABC der Gefühle   28
   2.5 Körper. Geist. Seele   33
   Literatur   38

3 Von der Verwicklung zur Entwicklung — 41
3.1 Ein Blick ins Kapitel — 41
3.2 Stress in das Leben integrieren — 42
3.3 Angst entlarven — 45
3.4 Freude genießen — 52
3.5 Die Sorgen von morgen — 54
3.6 Zeit zum Trauern — 56
3.7 Ruhig Blut! — 60
3.8 Schritte zu mehr Gelassenheit — 64
Literatur — 66

4 Die Macht des Unbewussten — 69
4.1 Ein Blick ins Kapitel — 69
4.2 Bewusstsein und Unbewusstes — 70
4.3 Die Überlegenheit des Unbewussten über das Bewusste — 73
4.4 Die Tür zum Unbewussten — 75
4.5 Stimmige Entscheidungen — 77
Literatur — 80

5 Ein Blick in unser Inneres — 81
5.1 Ein Blick ins Kapitel — 81
5.2 Unbeschwert durch das Leben gehen — 82
5.3 Von Gedankenschwerem zu Gedankenleichtem — 84
5.4 Neue Schlüsse ziehen — 87
5.5 Bilder, die sich zunehmend konturieren — 90
5.6 Reframing – Eine Frage des Blickwinkels — 93
5.7 Gedanken Raum geben — 96
5.8 Hineinhören – heraushören — 98
Literatur — 100

6 Achtsam. Wertvoll — 103
6.1 Ein Blick ins Kapitel — 103
6.2 Wertschätzung — 104

6.3	Werte achten	108
6.4	GeDANKEN	110
6.5	Gedanken auf das Hier und Jetzt lenken	113
Literatur		116

Raum für persönliche Vermerke 117

Über die Autorin

Doris Wieser OPERNFOTO Hausleitner GmbH
Wissen mit Begeisterung und Freude weiterzugeben, prägt und bewegt das Leben von Mag. Dr. rer. soc. oec. Doris Wieser – sowohl als Wirtschaftspädagogin als auch als Autorin von Sachbüchern. Sie bereitet komplexes Wissen verständlich auf und dadurch werden sowohl kaufmännische Themen als auch Inhalte zur Persönlichkeitsentfaltung anschaulich, lebendig und spannend.

Was Bilanzen und Zahlen mit Worten und Persönlichkeitsentfaltung im idealen Fall gemeinsam haben? Ein grundlegendes Bewusstsein über ihre Wirkkraft.

Unterricht ist viel mehr, als nur Fachwissen in Form von Buchungssätzen, mathematischen Formeln oder geschichtlichen Daten und Fakten zu vermitteln. Lehren bedeutet vielmehr, Mut zu machen, Zuversicht zu wecken, Ängste und Sorgen zu verstehen, Hoffnung zu geben und Vorbild zu sein. Als Lehrkraft ist man immer wieder gefordert, sich mit Fragen des Lebens auseinanderzusetzen, denn Jugendliche stellen kontinuierlich interessiert Fragen wie beispielsweise:

- Wie merke ich, ob der Beruf meiner Berufung entspricht?
- Wie lassen sich Talente finden?
- Was ist wichtig im Leben?
- Was bedeutet Authentizität?
- Wie wird man selbstbewusst?

Zu Beginn ihrer Lehrtätigkeit fielen ihr die Antworten darauf schwer. Doch ihre Neugierde wurde durch die unterschiedlichsten Fragen der Jugendlichen geweckt. So wuchs in ihr nach und nach das Anliegen, innere Vorgänge verstehen zu wollen, um auch das Potenzial des Unbewussten nutzen zu können. Im Zuge ihrer Recherchen hat sie viele spannende Themen kennengelernt und sich in die unterschiedlichsten Gebiete der Persönlichkeitsbildung vertieft.

Sie hat noch nie erlebt, dass die Lernenden nicht das Beste aus sich und dem Leben hätten machen wollen. Meist fehlten nur die wesentlichen Antworten auf im wahrsten Sinne des Wortes essenzielle Fragen. Ihre Bücher geben Antworten. Antworten aufs Leben.

Es sind Bücher, die nicht nur für Lehrkräfte von Interesse sind, sondern prinzipiell für alle, die sich mit Fragen zur Persönlichkeitsentfaltung beschäftigen. Sehr oft ist ein Buch eine Inspirationsquelle für die Lesenden, alte, mitunter hinderliche Denkmuster hinter sich zu lassen und das Leben in eine neue Richtung zu denken – und damit in eine neue Richtung zu lenken.

Ihre Bücher:

- Die Kraft der pädagogischen Liebe
- In eigene Stärken eintauchen und kraftvoll aus ihnen leben

1

Worte und Gedanken begleiten und umgeben uns

1.1 Ein Blick ins Kapitel

Wir können nicht nicht kommunizieren – das wissen wir seit Paul Watzlawick. Egal, wie wir uns verhalten, was auch immer wir tun: Wir kommunizieren. Doch Kommunikation läuft in den seltensten Fällen reibungslos ab. Das Gesagte, das Gemeinte, das Gedachte, das Empfundene kann sich jeweils weitgehend voneinander unterscheiden, wie Friedemann Schulz von Thun in seinem Vier-Ohren-Modell zeigt.

Die Stimme ist so individuell wie ein Fingerabdruck. Wer gut hinhört, bekommt über den Klang der Stimme und der Sprechweise einen Einblick in das Gegenüber.

Gedanken sind im Inneren verortet. Unabhängig davon, ob sie geäußert werden oder nicht, können sie eine unerwartete Langzeitwirkung entfalten.

© Der/die Autor(en), exklusiv lizenziert an Springer-Verlag GmbH, DE, ein Teil von Springer Nature 2025
D. Wieser, *Ausgesprochen oder nur gedacht – Worte wirken*,
https://doi.org/10.1007/978-3-662-72167-4_1

Im ersten Kapitel erfahren Sie Näheres über Gedanken und Worte. Gedanken kommen, Gedanken gehen. Egal, ob sie geäußert werden oder nicht, können sie eine unerwartete Langzeitwirkung entfalten – im positiven wie im negativen Sinne. Manchmal nehmen wir Gedanken gar nicht wahr. Es hat den Anschein, dass wir nichts gedacht haben. Das ist auch gut so: Wissenschaftliche Untersuchungen zeigen, dass schätzungsweise 30.000–60.000 Gedanken unser Gehirn Tag für Tag durchlaufen. Würden wir jeden Gedanken bewusst erleben, würde uns das überfordern.

Gedanken formieren sich aufgrund der eigenen Geschichte. Kinder nehmen gutgläubig alles auf, was seitens der Umwelt kommuniziert wird. Mit der Zeit werden Gedanken zu inneren Bildern, Glaubenssätzen oder Meinungen. Frühe Erlebnisse werden abgespeichert, was im psychologischen Fachjargon als „inneres Kind" bezeichnet wird.

1.2 Ob wir wollen oder nicht: Wir kommunizieren immer!

Ob wir lachen, schweigen, reden, weinen, uns Sorgen machen, selbstbewusst sind, uns ärgern oder ängstlich sind, ob wir einen Termin wahrnehmen oder ihm fernbleiben, ob wir einen kurzen Rock oder eine kaputte Hose tragen. Egal, wie wir uns verhalten, was immer wir tun: Wir kommunizieren. Stets sagen wir etwas aus und geben etwas von uns preis. Einmal mehr, einmal weniger. Wir offenbaren vielfach unbewusst und unbeabsichtigt etwas von uns, ob wir das wollen oder nicht.

1 Worte und Gedanken begleiten und umgeben uns

Beispiele aus dem Leben:
Christopher präsentiert souverän den Quartalsbericht. Die Geschäftsleitung folgt seinen Ausführungen mit großem Interesse.

Ein neuer Kollege betritt die Kantine. Sabine und Barbara unterbrechen ihr Gespräch und mustern ihn aus der Entfernung von oben bis unten.

Der Vorgesetzte sieht während des Meetings alle paar Minuten aufs Handy, ob eine Nachricht eingeht. Er beantwortet auch eingehende SMS.

Eve sitzt im Wartezimmer einer Arztpraxis und blättert interessiert in einer Zeitschrift. Obwohl Eve kein Wort spricht, lässt sich aus ihrer Körperhaltung ihr Interesse an der Zeitschrift ableiten. Sie ist sehr vertieft und sieht auch nicht von der Zeitschrift auf, als eine andere Patientin das Wartezimmer betritt.

„Man kann nicht nicht kommunizieren" – das hat bereits der Psychotherapeut und Kommunikationswissenschaftler Paul Watzlawick festgehalten. Kommunikation umfasst ihm zufolge nicht nur Worte und wie sie ausgesprochen (beispielsweise Lachen, Pausen, Töne) werden, sondern auch Körperhaltung und Körpersprache (vgl. Watzlawick 2015, S. 13). Jede Kommunikation, ob verbal oder nonverbal, ist Verhalten. Denn Kommunikation ist nicht zwangsläufig gleichzusetzen mit dem Sprechen. Gestik, Mimik, Körperhaltung – die nonverbalen Signale sind integrale Teile des Verhaltens. Worte oder Schweigen haben Mitteilungscharakter und beeinflussen die Mitmenschen. Wann immer mindestens zwei Personen aufeinandertreffen, tauschen sie bewusst oder unbewusst Informationen aus.

Für den amerikanischen Soziologen Erving Goffman sind verbale Äußerungen verhältnismäßig leicht kontrollierbare und sogar manipulierbare Aspekte des Verhaltens. Der Sprecher kann seine Worte bewusster wählen, auf Rhetorik achten, gezielt Betonungen setzen oder eine Sprechpause einlegen. Selbst wenn der Sprecher danach strebt, seine nonverbalen Signale anzupassen, wird ihm das nicht über einen längeren Zeitraum gelingen. Denn sie sind weniger gut zu kontrollieren oder bewusst zu beeinflussen (Goffman 2003).

So vielschichtig Menschen sind, so unterschiedlich sind sie. Jeder hat seine eigene Wirkung, seine individuelle Ausstrahlung, und das macht jeden Menschen einzigartig. Jeder kommuniziert auf seine eigene Art und Weise. Egal, ob es sich um die Sprache oder Körpersprache handelt. Selbst die Körpersprache ist bei jedem Menschen unterschiedlich stark ausgeprägt. Entweder sehr lebhaft und energiegeladen oder eher zurückhaltend und gedämpft. Jeder Mensch nutzt seinen Körper mehr oder weniger als Sprachrohr.

Unabhängig davon, wie intensiv die Körpersprache eingesetzt wird, ist nur eines von Bedeutung, wie die Diplom-Psychologin und Kommunikationsexpertin Monika Matschnig betont: Die Körpersprache muss zur Person passen und deren Individualität und Persönlichkeit unterstreichen. Wenn ein Sprecher seine Ängste hinsichtlich einer Sache zwanghaft unterdrücken möchte, wirkt das nicht authentisch. Ebenso wenig wirkt jemand authentisch, wenn er beispielsweise zwanghaft versucht, ununterbrochen mit seinen Händen zu reden, um den Worten zusätzliches Gewicht zu verleihen (vgl. Matschnig 2010, S. 105).

Das Gegenüber nimmt sowohl die verbalen als auch die nonverbalen Signale wahr. Entweder bewusst, um die Glaubwürdigkeit des Sprechers zu überprüfen, oder unbewusst. Die Menschen deuten, interpretieren, bewerten das Verhalten und ziehen daraus ihre Schlüsse. Dabei schöpfen sie aus ihrem Repertoire an individuellen Erfahrungen, Glaubenssätzen und Vorstellungen. Wenn wir auf

1 Worte und Gedanken begleiten und umgeben uns

Menschen treffen, laufen in uns dieselben Bewertungs- und Interpretationsprozesse ab: Wir vergleichen und bewerten unsere Mitmenschen wie auch Situationen mit unseren Erfahrungen, Vorstellungen und Glaubenssätzen. Vielfach laufen die Bewertungen und Deutungen ohne bewusstes Zutun ab (s. Kap. 4).

> *Beispiele aus dem Leben:*
> *Ist ein Arzt mit mehreren Tattoos ein guter Arzt?*
> *Welche Absichten hat sie?*
> *Wie kompetent ist der neue Kollege?*
> *Verbirgt sich hinter ihrem Lächeln etwas?*

Wir können unser Gegenüber nicht wie ein offenes Buch lesen. Wir können nicht beeinflussen, wie uns unsere Mitmenschen deuten, bewerten oder sogar abwerten. Wir können immer nur unser Verhalten, unsere Gedanken und Worte reflektieren. Das wäre auch empfehlenswert. Unser Verhalten darf uns nicht völlig egal sein, wie ich meine, und wir sollten es ab und an einer inneren Revision unterziehen, um Hinderliches, Gedankenschweres zu erkennen. Wir sollten uns nicht manipulativ und wertend verhalten, vielmehr authentisch und wertschätzend (s. Abschn. 6.2). Uns selbst und unseren Mitmenschen gegenüber.

1.3 Das Gesagte. Das Gehörte

Wer glaubt, dass das Gesagte, das Gemeinte, das Gedachte, das Gehörte, das Empfundene immer identisch sind, irrt.

- Das Gesagte muss mit dem Gehörten nicht zwingend identisch sein.
- Das Gesagte kann sich vom Gedachten unterscheiden.

- Das Gemeinte muss nicht zwingend dem Gehörten entsprechen.

Unser Alltag besteht aus Kommunikation. Dennoch läuft sie nicht immer reibungslos ab. Meist ist es gar nicht möglich, jedes Gespräch im Detail zu analysieren und bei Irritationen sofort Rückfragen zu stellen. Sie ist anfällig für Fehlinterpretationen, Missverständnisse oder gar Konflikte. Denn die Botschaften, die man äußert, und die, die der Gesprächspartner versteht, können sich sehr voneinander unterscheiden. Folgt man den Erkenntnissen von Friedemann Schulz von Thun (1981), gibt jeder Mensch – ob beabsichtigt oder nicht, ausgesprochen oder unausgesprochen – in einer Äußerung zugleich vier Botschaften von sich (vgl. Schulz von Thun et al. 2012, S. 33 ff.):

1) Ebene des Sachinhaltes: Worüber ich informiere und spreche.
2) Ebene der Selbstkundgabe: Was ich von mir zu erkennen gebe.
3) Ebene des Beziehungshinweises: Wie ich zum Gegenüber stehe und was ich von ihm halte.
4) Ebene des Appells: Was ich beim Gegenüber erreichen möchte.

Sein Modell findet man als Vier-Ohren-Modell oder als Kommunikationsquadrat in der Kommunikationspsychologie. Das Modell besagt, dass der Sender einer Nachricht vier Schnäbel hat und der Empfänger sozusagen auf vier Ohren hört. Im Idealfall findet eine unmissverständliche Kommunikation statt. Der Zuhörer versteht das vom Sprecher Gesagte und Gemeinte auf allen vier Ebenen exakt, wie es gemeint war. Es wurde klar, offen und verständlich kommuniziert. Dies ist leider nicht der Regelfall. Meist wird nicht klar, offen und verständlich kommuniziert.

1 Worte und Gedanken begleiten und umgeben uns

Informationen werden außerdem meist nicht neutral ausgesprochen. Gefühle und Wertungen können bewusst oder unbewusst einfließen. Das viel zitierte Sprichwort „Der Ton macht die Musik" kann einiges offenbaren – im positiven wie im negativen Sinne. Nicht nur durch die Art der Formulierung und des Tonfalls, sondern auch durch die Körpersprache kann der Sprecher Akzeptanz, Wertschätzung, Wohlwollen, Respekt, aber auch Bevormundung, Herabsetzung und Verachtung ausdrücken.

Zusätzlich wird die Kommunikation auf der Seite des Empfängers beeinträchtigt, da er nicht auf allen vier Ohren gleichzeitig hört, vielleicht sogar ein bevorzugtes Ohr hat, mit dem er Aussagen empfängt. Er tendiert dann dazu, zwischen den Zeilen mehr herauszuhören, als durch Worte ausgedrückt und tatsächlich gemeint war, und kann dabei sogar die sachliche Information überhören. Ein klassisches Beispiel: Jemand sagt ein Treffen aufgrund von Krankheit kurzfristig ab. Der Empfänger geht von der Annahme aus, dass mit ihm niemand ausgehen möchte.

Immer dann, wenn Sprecher oder Zuhörer die vier Ebenen unterschiedlich deuten oder gewichten, folgen Fehlinterpretationen, Konflikte oder Missverständnisse.

Ein Beispiel aus dem Leben:
Claudia wird von ihrer Vorgesetzten gefragt: „Warum hast du dieses Angebot angenommen?"

Auf den ersten Blick eine einfache Frage. Dennoch kann sie sinngemäß unterschiedlich ausgelegt, gemeint und gehört werden, wie die inneren Monologe zeigen:

1) Sachinhalt: „Du hast dieses Angebot angenommen."
2) Selbstkundgabe: „Ich bin an dem Grund für deine fachliche Entscheidung interessiert."

3) Beziehungshinweis: „Ich vertraue deiner Entscheidung. Mir ist es wichtig, einen guten Austausch mit dir zu haben, deshalb erkundige ich mich."
4) Appell: „Lass uns gemeinsam überlegen, ob der Anbieter auch für größere Investitionen infrage kommen könnte."

Die knappe Formulierung der Frage gibt Raum für mehrere Interpretationen aufseiten des Empfängers. Der Empfänger versucht, die nicht explizit mitgeteilten Botschaften auf den vier Ebenen zu hören, um herauszufinden, was der Sender mit der Frage ausdrücken möchte. In unserem Beispiel könnte das Gesagte bei Claudia folgendermaßen ankommen:

1) Sachinhalt: „Du hast dieses Angebot angenommen."
2) Selbstkundgabe: „Ich halte deine Entscheidung für falsch."
3) Beziehungshinweis: Du bist eine schlechte Verhandlerin. Sie will mich bevormunden.
4) Appell: „Wähle das nächste Mal ein Angebot besser aus. Ideal wäre es, es vorab mit mir zu besprechen."

Anhand dieses Beispiels zeigt sich, wie unterschiedlich eine Aussage rezipiert werden kann. Generell gilt: Sender und Empfänger sind gleichermaßen für eine gelingende Kommunikation verantwortlich. Um in Zukunft besser und verständlicher zu kommunizieren, könnte die Vorgesetzte vorab Gründe für ihre Frage benennen. Wenn sie beispielsweise weiß, dass die Mitarbeiterin unsicher ist beziehungsweise einen geringen Selbstwert hat oder es in der Vergangenheit zu Missdeutungen gekommen ist. Die Kommunikation läuft generell besser, wenn die Beziehungsebene explizit zur Sprache kommt. In unserem Fall: *„Ich vertraue deiner Entscheidung."*

Claudia hätte explizit die Irritation, die die Frage der Vorgesetzten in ihr unmittelbar ausgelöst hat, zum Ausdruck bringen können, um potenziellen Missverständnissen zuvorzukommen.

1.4 Was die Stimme (über uns) verrät

Uns allen ist das Phänomen bekannt: Vertraute Stimmen erkennen wir am Telefon nach wenigen Silben, ohne dass der Anrufer seinen Namen nennt. Das ist in der Komplexität des Aufbaus des menschlichen Stimm- und Sprechapparates begründet. Dieser wird sehr gerne mit den Funktionen einer Orgel verglichen.

Dr. Gerhard Friedrich, Vorstand der Hals-, Nasen-, Ohren-Universitätsklinik in Graz, veranschaulicht diese Analogie: Blasbalg/Atmung, Zungenwerk/Kehlkopf und Orgelpfeife/Ansatzrohr. Stimme ist ein Zusammenspiel von Atmung, Kehlkopf (Stimmlippen) und Ansatzrohr (Rachen-, Mund- und Nasenraum) (vgl. Friedrich et al. 2013, S. 27). Die Stimme jedes Einzelnen ist so individuell wie ein Fingerabdruck. Sie ist Ausdruck und schafft Stimmung. Die mündliche Kommunikation ist immer noch die am häufigsten genutzte Form der menschlichen Kommunikation, trotz der Vielzahl an modernen Medien. Und sie ist auch die natürlichste Form der Verständigung.

Wer gut hinhört, bekommt über den Klang der Stimme und die Sprechweise einen Einblick in das Gegenüber. Sie offenbaren, wie sich der Mensch fühlt, was ihn bewegt, ihn berührt und in seinem Inneren geschieht. Man gibt manchmal mehr von sich bekannt, als man möchte oder als einem bewusst ist. Der Sprach- und Kommunikationswissenschaftler Dr. Walter F. Sendlmeier betont, dass die Stimme einer Person bedeutend mehr Hinweise auf die Persönlichkeit gibt, als deren visuelle Erscheinung. Sogar die Augen, die als Spiegel der Seele gelten, vermögen nicht den Menschen in seiner Vielfalt darzustellen (vgl. Sendlmeier 2016). Neben der Persönlichkeit lassen sich über die Stimme Alter, Bildungsstand, Geschlecht, gesundheitlicher Zustand, soziale und regionale Herkunft ableiten. Zusätzlich deckt die Stimme die Stimmungslage auf. Die gute Laune des Sprechers ist ebenso hörbar wie seine Angst, seine Traurigkeit oder wenn er innerlich vor Wut kocht. Die gefühlsmäßige Stimmung, sie reicht von Wut, Freude, Sorgen, Trauer bis hin zu Angst, ist in der Stimme und Mimik kaum zu verbergen, selbst dann nicht, wenn uns der Sprecher über den Inhalt etwas anderes vormachen möchte (vgl. Sendlmeier 2016).

Denn es ist nicht ausschlaggebend, *WAS* man sagt, sondern *WIE* man es sagt. Glaubt man Experten, sind nur sehr gute Schauspieler in der Lage, unterschiedliche Stimmungen und Gefühle auch in der Sprache und im Stimmklang glaubwürdig und echt einem Publikum darzubringen. Vielen Menschen fällt es sogar leichter, Gefühle durch den Klang der Stimme auszudrücken, als sie in Worte zu fassen. Dieses Phänomen lässt sich mit Blick auf die menschliche Evolution damit begründen, dass sich der Homo sapiens, ehe sich seine Sprachfähigkeit vollständig etabliert hat, zunächst durch Warnschreie oder Laute verständigt hat (vgl. Sendlmeier und Bartels 2005).

Der Psychologe Paul Ekman erklärt, dass jede Emotion ihre eigenen Signale sendet. Diese machen sich über die Stimme und in den Gesichtszügen bemerkbar (vgl. Ekman 2010).

Ist man wütend, klingt die Stimme höher, die Aussprache ist deutlicher und die Betonung nimmt zu. Die hoch- und zusammengezogenen Augenbrauen sind genauso ein Indiz für Wut wie das Vorschieben des Unterkiefers, der verkniffene Mund oder der angespannte Körper. Bei Freude klingt die Stimme energiegeladen und deutlich höher. Die Sprachmelodie ist abwechslungsreich. Die Heiterkeit entspannt die Gesichtszüge, sie erscheinen locker. Freude und Lachen sind untrennbar miteinander verbunden. Echtes Lachen zeigt sich um die Augenpartie. Die Ringmuskulatur um die Augen zieht sich zusammen und es bilden sich typische Falten in Form von Krähenfüßen im äußeren Bereich der Augen. Der Glanz in den Augen lässt uns sympathisch erscheinen. Ist das Lachen unecht, bleiben die Augen entspannt, lediglich die Mundwinkel sind hochgezogen. Im Trauerzustand wirkt die Stimme energielos, wenig abwechslungsreich, sie klingt stark gedämpft und leise. Charakteristische Gesichtszüge bei Trauer sind gesenkte Augenbrauen, nach unten gezogene Mundwinkel und hängende obere Augenlider. Ängstliche Menschen sprechen schneller und ihre Aussprache ist undeutlicher. Ganze Silben werden mitunter weggelassen. Angst bewirkt, dass man sich in sich selbst zurückzieht. Die Angespanntheit beziehungsweise Verkrampfung zeigt sich im Gesicht, begleitet von geschlossenen Lippen und vermehrtem Schlucken (vgl. Ekman 2010).

Nicht immer wollen Sprecher ihre innere Gefühlswelt offenlegen. Das ist nur zu verständlich. Wer spricht schon gerne lang und breit über seine Angst, wenn er einen Vortrag hält? Wer möchte seine Verärgerung zeigen, wenn er mit seinem Kind spielt oder sich mit einem Kollegen über geschäftliche Belange austauscht?

In einem wütenden Zustand ist beispielsweise weder empathisches Zuhören noch verständnisvolles Reagieren möglich. Wann immer dies der Fall ist, wann immer es machbar ist, sollte man wichtige Gespräche vertagen oder darum bitten, das Gespräch zu einem späteren Zeitpunkt zu führen. Hier geht es im Wesentlichen darum, niemandem etwas vorzuspielen und aufrichtig zu sein – sich selbst und seinen Mitmenschen gegenüber. Man muss nicht seine gesamte innere Gefühlswelt präsentieren. Einige

Worte sind meist ausreichend, damit sich das Gegenüber, das Publikum auskennt. Sie könnten feststellen: „Sie werden wahrscheinlich meine Angst in meiner Stimme erkennen." Oder erklären: „Gestern hatte mein Sohn einen Unfall und liegt im Krankenhaus." Somit erhält das Gegenüber zum Verständnis einen Einblick. Mehr braucht es in den meisten Fällen nicht und man kann auf professioneller Ebene die Kommunikation fortsetzen.

Wenn es darum geht, Menschen zu erreichen, sie von einer Idee zu überzeugen oder sie zu begeistern, führt kein Weg daran vorbei, selbst von der Sache überzeugt zu sein. Nur dann wirkt man authentisch und echt. An Stimme und Wortwahl erkennt man die Begeisterung und Freude für eine Sache, wie die Stimm- und Sprechtrainerin Dr. Monika Hein erklärt. Die Stimme klingt, als würde sie von einem inneren Motor angetrieben. Das ist die Leidenschaft, das Brennen für eine Sache (vgl. Hein 2014, S. 22).

Wer hört solchen Menschen nicht gerne zu? Als Zuhörer spürt man, wie fasziniert jene Menschen von ihrem Thema sind und wie es ihnen sichtlich Freude bereitet, ihre Inhalte mitzuteilen. Hier geht es nicht um eine fanatische oder von einem inneren Zwang geleitete Begeisterung. Es geht um eine uneingeschränkte, eine reine Freude an der Sache.

1.5 Gedanken kommen. Gedanken gehen

Wer möchte nicht bis ins reife Alter gesund sein und sich fit und vital fühlen? Mit großer Sorgfalt kümmert man sich um die körperliche Fitness: Man treibt Sport und ernährt sich gesund. Doch wie sieht es mit den Gedanken, mit den Worten, mit dem Geist aus? Exemplarisch ließen sich folgende Sätze anführen:

1 Worte und Gedanken begleiten und umgeben uns

Beispiele aus dem Leben:
Ich ärgere mich, hier zu sein.
Ich fühle mich maßlos verletzt.
Ich habe Angst, bei der Fahrprüfung zu versagen.
Ich will gewinnen: Koste es, was es wolle!
Diese Nachrichten über Krisen und Krieg machen mich wütend.
Schon beim Gedanken daran überfällt mich die Angst.

Nehmen wir wahr, welche Informationen wir aufnehmen? Nehmen wir wahr, welchen Gedanken wir in unserem Kopf Raum geben? Nehmen wir unsere innere Stimme wahr? Nehmen wir wahr, welche Worte wir aussprechen? Nehmen wir wahr, welche inneren Dialoge in uns ablaufen? Meist nicht.

Die wenigsten von uns kümmern sich um die inneren Dialoge, die Gedanken oder die Botschaften, die sie hören oder lesen. Wütende Gespräche mit einem Nachbarn, Ärger und Stress in der Arbeit oder Familie, Eifersucht, Gier, Streben nach Perfektion, Minderwertigkeitsgedanken, Nachrichten, die Sorgen und Ängste auslösen, Versagensängste und dergleichen mehr. Wie oft kommen uns diese oder ähnliche Gedanken in den Sinn? Wir denken viel zu wenig über diese Inhalte und deren Wirkungsweise nach. Experten sprechen in diesem Kontext von geistigem Junkfood. Destruktive Gedanken, die in Körper, Geist und Seele ihre Wirkung entfalten, ohne dass wir uns ihrer bewusst sind, stören das Wohlbefinden (s. Kap. 4). Glaubt man den Experten, ist der Großteil der Gedanken, der inneren Dialoge, die das Gehirn durchlaufen, negativ. Viele davon kreisen in einer Dauerschleife in unserem Kopf. Es hat den Anschein, dass sich diese energieraubenden Gedanken verselbstständigen. Denn meist rotieren sie um ein und dasselbe Thema und lassen sich nicht mehr abstellen.

Ein Gedankenbeispiel:
Ihr Partner beschuldigt Sie, die Opernkarten nicht rechtzeitig bestellt zu haben. Wie oft am Tag denken Sie daran? Und wie oft erzählen Sie diese Geschichte weiter? Seien Sie ehrlich? Handeln Sie ähnlich, wenn er Ihnen dankt, die Karten besorgt zu haben?

Gedanken kommen. Gedanken gehen. Gedanken sind im Inneren verortet und unabhängig davon, ob sie geäußert werden oder nicht, können sie eine unerwartete Langzeitwirkung entfalten. Manche gehen im wahrsten Sinne des Wortes unter die Haut und hinterlassen besondere Spuren: Sie schreiben sich förmlich und unwiderruflich ins Gedächtnis. Uns ist nämlich nicht bewusst, was das Gehirn während eines Gedankens macht und wie kraftvoll Gedanken sind. Meist erkennen wir sie von vornherein gar nicht. Wie oft glauben wir, gar nichts gedacht zu haben. Ein Trugschluss, wie das ABC der Gefühle (s. Abschn. 2.4) zeigt. Die Wahrheit ist: Gedanken sind rasend schnell. Ein Gedanke folgt dem nächsten. Es hat den Anschein, dass wir nichts gedacht haben. Und das hat auch sein Gutes: Wissenschaftliche Untersuchungen zeigen, dass schätzungsweise 30.000–60.000 Gedanken das menschliche Gehirn täglich durchlaufen. Bei dieser Gedankenmenge wären wir überfordert, wenn wir jeden Gedanken bewusst miterleben würden. Vieles, was um uns herum geschieht, nehmen wir nur am Rande wahr und dringt nicht in unser Bewusstsein vor.

Das weniger Gute: Das Gehirn speichert gänzlich unreflektiert das Wahrgenommene im Unbewussten ein (s. Kap. 4). Gedanken sind, wie Forscher auf dem Gebiet der Neurologie herausfanden, elektrische Impulse. Gedanken haben eine Wirkkraft. Sie lösen chemische Reaktionen und elektrische Schaltungen im Gehirn aus. Wann immer derselbe Gedanke gedacht wird, wird im Gehirn dasselbe neuronale Netzwerk aktiviert. Der Körper antwortet mit der entsprechenden hormonellen Ausschüttung. Je mehr destruktive Gedanken, desto mehr Stresshormone und desto verfestigter wird die neuronale Struktur (vgl. Wieser 2019, S. 166 f.; Wieser 2020, S. 118).

Ein meist immerwährender Kreislauf. Unser Gehirn gibt das wieder, was in ihm gespeichert ist. Und am besten wird das gespeichert, was sehr oft wiederholt wird. Und was wiederholen wir am liebsten? Was uns kränkt oder ärgert. Das ständige Wiederholen heilt nicht, wenngleich kurzfristig eine Erleichterung spürbar ist. Langfristig intensiviert sich der Ärger, er verschlimmert sich. Loslassen gelingt nicht, wenn man sich ärgerliche Situationen permanent ins Gedächtnis holt. Keine Frage: Stress gehört zum Leben dazu, oftmals steigert er die Leistungsfähigkeit. Wenn wir aber an einem Übermaß an Anspannung leiden, kann er uns krank machen.

1.6 Gedanken formieren sich Schritt für Schritt entlang der eigenen Geschichte

Wir wünschen uns alle gute Entfaltungsbedingungen, um bestens zu gedeihen. Wir wünschen uns Eltern, die gut für uns sorgen, bei denen wir uns geborgen fühlen und denen wir vertrauen. Wir wünschen uns eine Umgebung, die uns annimmt und optimale Rahmenbedingungen bereithält. Bedauerlicherweise handelt es sich hierbei um Wunschdenken. Eine Erwartung, die sich nicht erfüllt. Optimale Entwicklungsbedingungen gibt es für niemanden von uns. Es gibt keine Kindheit ohne Verletzungen. Eltern und alle, die auf uns einwirken, sind auch nur Menschen und nicht perfekt. Sie selbst haben Probleme und haben in ihrem

Leben gute wie ungute Erfahrungen gemacht. Zudem sind die Einflüsse, die auf den Menschen einwirken, sehr komplex und nicht kontrollierbar. Wir Menschen leben in einer Gemeinschaft, sind soziale Wesen und der Kontakt zu anderen ist lebensnotwendig. Doch Menschen, mit denen wir zu tun haben, machen nicht immer alles richtig. Oder man begegnet Menschen, die nicht immer wohlwollend sind.

In der Kindheit nehmen wir alles gutgläubig auf, was die Erwachsenen uns zukommen lassen, was sie einerseits (über) uns sagen, wie sie uns andererseits behandeln. Kindern fehlt die Lebenserfahrung und sie haben kein psychologisches Wissen. Im Laufe der Jahre erfahren wir, was gut, was schlecht, was richtig, was falsch ist, was erlaubt ist und was nicht. Kinder erfahren Anerkennung, Ablehnung, Bestrafung, Ermutigung, Lob, Mitgefühl, Wertschätzung.

> ***Beispiele aus dem Leben:***
> *Die Katze hast du sehr schön gezeichnet.*
> *Das Lego-Haus hast du wunderbar zusammengebaut.*
> *Versuche den Purzelbaum nochmal. Du schaffst das.*
> *Wenn du deinem Bruder nochmals das Auto wegnimmst, dann hat dich die Mama nicht mehr lieb.*
> *Geh in dein Zimmer!*
> *Du hast die nächsten zwei Tage Fernsehverbot!*

Die Botschaften an Kinder können zu ein und derselben Tätigkeit sehr unterschiedlich ausfallen.

> ***Ein Beispiel aus dem Leben:***
> *Stefanies Großmutter sagt beim Kekse Backen: „Stefanie, die Kekse stichst du sehr schön aus. Dem Opa schmecken sie sicherlich sehr gut." Stefanies Mutter hingegen sagt zu ihr: „Stefanie, lass mich das machen. Das kannst du nicht, dafür bist du noch zu klein!"*

1 Worte und Gedanken begleiten und umgeben uns

Kinder interpretieren Verhaltensweisen gelegentlich falsch. Sie fühlen sich beispielsweise abgelehnt und nicht liebenswert, wenn die Mama verärgert ist. Eltern können ängstlich reagieren und lauter werden, wenn ihren Kindern Gefahr droht. Und es hagelt dann Verbote. Nur zu gut erinnere ich mich an folgende Szene:

Ein Beispiel aus dem Leben:
Auf einem Parkplatz fuhr eine Frau mit dem Einkaufswagen Richtung Auto. Ein kleines Mädchen hüpfte quietschvergnügt neben ihr her. Beim Auto angekommen verstaute die Mutter die Einkäufe im Kofferraum. Dem kleinen Mädchen war wohl langweilig. Sie lief zu einem anderen parkenden Auto und berührte es. Plötzlich heulte die Sirene bei diesem Auto auf. Die Kleine erschrak. Gleichzeitig stand der Mutter der Schreck ins Gesicht geschrieben. Im ersten Augenblick wusste niemand von beiden, was geschehen war. Die Mutter schrie das Mädchen an: „Was hast du gemacht? Geh nie mehr zu einem fremden Auto und berühre es. Hast du mich verstanden?" Die Kleine begann zu weinen.

Kinder beobachten und imitieren ihr soziales Umfeld (Eltern, andere Bezugspersonen, Geschwister, Freunde, Figuren aus Zeichentrickfilmen etc.). Teilweise bewusst, vielfach unbewusst nehmen Kinder auf, was ihnen vorgelebt wird. Sie übernehmen deren Art zu sprechen, zu denken, zu fühlen, zu handeln. Sie verinnerlichen peu à peu das Gehörte, das Beobachtete, das Gesehene, das Gelernte und sie speichern dies völlig unreflektiert ab, was sich wiederum in ihrem sprachlichen Ausdruck, ihrem Verhalten, in ihren Worten äußert. Je älter Kinder werden, desto vielfältiger sind die Einflussfaktoren: Freunde, Lehrer, Mitschüler, Fernsehen, Internet, soziale Medien und andere mehr. Einflussfaktoren wirken wiederum auf Gedanken, Sprechweise und Wortwahl. Auch das geschieht vielfach unbewusst und unbeabsichtigt. Dennoch können (manche)

Einflüsse sehr formend für die Persönlichkeit und prägend für den weiteren beruflichen Werdegang werden.

Mit der Zeit formieren sich Gedanken zu inneren Bildern, Glaubenssätzen, Meinungen oder Überzeugungen. Aus manchen Erfahrungen und Erlebnissen lässt sich eine unerwartete Stärke generieren – sowohl im positiven als auch im negativen Sinne. Sie berühren den Menschen im Inneren, gehen über die Grenzen, unter die Haut und hinterlassen dort Spuren. Frühe Erlebnisse werden in Körper, Geist und Seele gespeichert und formieren sich zu dem, was im psychologischen Fachjargon als *„inneres Kind"* bezeichnet wird. Es ist ein in der Psychotherapie verwendetes Modell dafür, was uns in unserer Kindheit an Erlebnissen, Erfahrungen und Gefühlen widerfahren ist und wie dies das Erwachsenenleben nachhaltig beeinflusst. Es wurde durch die Arbeiten von John Elliot Bradshaw (amerikanischer Psychologe, Philosoph, Theologe und Autor) beziehungsweise Dr. Erika J. Chopich und Dr. Margaret Paul (beide amerikanische Psychotherapeutinnen mit eigener Praxis und Buchautorinnen) bekannt (vgl. Bradshaw 2018; Chopich und Paul 2012). Das Gehirn speichert zum einen das Erlebnis ab, zum anderen, wie man sich dabei gefühlt hat. Dabei werden zwei Netzwerke aktiviert: das kognitive und das emotionale, wie der Neurobiologe Dr. Gerald Hüther ausführt. Diese beiden Netzwerke verkoppeln sich und sind gleichzeitig aktiv (vgl. Hüther 2016, S. 136).

Es gibt verschiedene Arten von Erlebnissen, Erfahrungen und Gefühlen. Zum einen gibt es große Freude. Kinder freuen sich beispielsweise über kleinste Dinge: eine Katze, einen Hund, ein Eis, um nur einige zu nennen. Und es gibt viel Glück, wenn sie zu Weihnachten ein schönes Geschenk bekommen. Dann gibt es noch jene, die nicht glücklich waren. Die verletzt wurden, Unglück

1 Worte und Gedanken begleiten und umgeben uns

mitbekommen haben, die sich ängstlich, einsam, traurig oder wütend gefühlt haben (vgl. Wlodarek 2023).

Diese Erlebnisse und Befindlichkeiten stecken in jedem von uns. Die Momente des Glücks wie auch jene der Angst, der Einsamkeit, der Traurigkeit und der Wut. Einiges davon bleibt lebhaft in Erinnerung, anderes scheint zu verschwinden. Es verschwindet jedoch nur scheinbar: Denn die Erlebnisse und Empfindungen, wandern ins Unbewusste, wurzeln dort und wirken im Inneren (s. Kap. 4). Wann immer wir gefühlsmäßig übermäßig reagieren, können wir ziemlich sicher sein, dass sich das innere Kind meldet. Denn dies hat sich alles gemerkt.

Während positive Erlebnisse und Worte stärken („Empowering" beziehungsweise „Enabling"), motivieren, aufbauen, summa summarum Menschen wachsen lassen, schwächen sie negative Erlebnisse und Worte (s. Abschn. 5.3). Sie entmutigen und hemmen meist auch das persönliche Wachstum, das Selbstvertrauen, Selbstwertgefühl und Selbstbewusstsein. Bedauerlicherweise wirken die negativen Erlebnisse meist stärker als die positiven. So manch schlechtes Erlebnis bleibt sehr lebhaft in Erinnerung, als hätte sich das Geschehene erst gestern ereignet. Denken Sie daran, wie häufig einige Menschen im Erwachsenenalter von ihren schlechten Erinnerungen aus der Schulzeit oder aus dem Elternhaus berichten. Die Geschichten sind immer noch in deren Köpfen präsent, werden wieder und wieder erzählt und erzeugen nach wie vor Wut oder Ängste in ihnen. Als hätten sich derartige Bilder ins Gedächtnis gebrannt. Oder Menschen trauen sich im Erwachsenenalter wenig zu, weil beispielsweise ihre Eltern ihnen vermittelt haben, dass sie dies oder jenes nicht machen dürfen. Im Berufsleben oder als Erwachsene sind wir meist darum bemüht, unsere Empfindungen zu ignorieren, sie zu negieren. Das ist nicht der richtige Weg. Wir sollten uns unserer Gefühle bewusst werden. Dr. Hüther ermutigt: Wer sich von seinen (negativen) Erfahrungen lösen möchte, muss bereit sein, sich zu öffnen und sich auf Neues einzulassen (vgl. Hüther 2016).

Dr. Erika Chopich und Dr. Margaret Paul empfehlen, sich mit dem verletzten inneren Kind auseinanderzusetzen und die Erlebnisse des Kindes als erwachsene Person anzusehen. Wir wissen viel mehr als das kleine Kind von damals. Wir wissen, wie man mit Verletzungen umgehen kann. So findet man allmählich Wege, mit der Vergangenheit umzugehen, dass sie nicht mehr als schmerzlich erlebt wird. Um sich von destruktiven Gedanken und Gefühlen zu befreien, was schließlich den Weg freilegt zu einem erfüllten Leben (vgl. Chopich und Paul 2012).

Literatur

Chopich Erika J., Paul, M.: Aussöhnung mit dem inneren Kind. Aus dem Amerikanischen übersetzt von Angelika Bardeleben, 28. Aufl. Ullstein, Berlin (2012)

Bradshaw, J. E.: Das Kind in uns. Wie finde ich zu mir selbst. Aus dem Amerikanischen übersetzt von Bringfried Schröder, 4. Aufl. Knaur MensSana, München (2018)

Ekman, P.: Gefühle lesen. Wie Sie Emotionen erkennen und richtig interpretieren, 2. Aufl. Aus dem Englischen übersetzt von Susanne Kuhlmann-Krieg und Matthias Reiss. Springer, Berlin (2010)

Friedrich, G., Bigenzahn, W., Zorowka, P.: Phoniatrie und Pädaudiologie. Einführung in die medizinischen, psychologischen und linguistischen Grundlagen von Stimme, Sprache und Gehör, 5. Aufl. Hans Huber, Bern (2013)

Goffman, E.: Wir alle spielen Theater. Die Selbstdarstellung im Alltag. Aus dem Amerikanischen übersetzt von Peter Weber-Schäfer, 7. Aufl. Piper, München (2003)

Hein, M.: Sprechen wie der Profi. Das interaktive Training für eine gewinnende Stimme. Campus, Frankfurt (2014)

1 Worte und Gedanken begleiten und umgeben uns

Hüther, G.: Mit Freude lernen – ein Leben lang. Weshalb wir ein neues Verständnis vom Lernen brauchen. Vandenhoeck & Ruprecht, Göttingen (2016)

Matschnig, M.: Mehr Mut zum Ich. Sei du selbst und lebe glücklich, 2. Aufl. Gräfe und Unzer, München (2010)

Schulz von Thun, F.: Miteinander reden 1. Rowohlt, Störungen und Klärungen. Allgemeine Psychologie der Kommunikation. Reinbek bei Hamburg (1981)

Schulz von Thun, F., Ruppel, J., Stratmann, R.: Miteinander reden: Kommunikationspsychologie für Führungskräfte, 13. Aufl. Rowohlt, Reinbek bei Hamburg (2012)

Sendlmeier Walter, F.: Sprechwirkungsforschung. Grundlagen und Anwendungen mündlicher Kommunikation, Bd. 10. Logos, Berlin (2016)

Sendlmeier Walter, F. und Bartels, A.: Stimmlicher Ausdruck in der Alltagskommunikation. Logos, Berlin (2005)

Watzlawick, P.: Man kann nicht nicht kommunizieren. Das Lesebuch. Zusammengestellt von Trude Trunk und mit einem Nachwort von Friedemann Schulz von Thun, 2. Aufl. Hogrefe, Göttingen (2015)

Wieser, D.: Die Kraft der pädagogischen Liebe, 2. Aufl. tredition, Hamburg (2019)

Wieser, D.: In eigene Stärken eintauchen und kraftvoll aus ihnen leben. myMorawa von Dataform Media GmbH, Wien (2020)

Wlodarek, E.: Souverän ich selbst. So gewinnen Frauen Sicherheit und Stärke. München, Deutscher Taschenbuch Verlag (2023)

2

Gedankenkraft – Wortkraft

2.1 Ein Blick ins Kapitel

„Sie fühlen, wie Sie denken" – auf diese Weise ließe sich dieses Kapitel auf den Punkt bringen. Gedanken sind kraftvoll. In diesem Kapitel erfahren Sie die Gründe dafür und wie Gedanken wirken. Unser Denken erzeugt die Gefühle. Angst, Freude, Trauer, Wut – diese vier Gefühle werden in der einschlägigen psychologischen Forschung als Basisgefühle eingestuft. In einigen Ansätzen ist die Sorge als Gefühl enthalten. An diesen fünf Gefühlen orientiert sich dieses Werk. Diese Basisgefühle sind in uns angelegt. Daneben gibt es eine Reihe von Empfindungen, die wir als Gefühle bezeichnen, die im Grunde genommen jedoch keine sind: Bauchgefühl, Glücksgefühl, Minderwertigkeitsgefühl, um einige Beispiele zu nennen. Das „ABC der

---

Sie fühlen, wie Sie denken.

Gefühle" zeigt sehr übersichtlich, wie Gefühle entstehen. Es ist ein Schlüssel zum Verständnis der eigenen Gefühle und der unserer Mitmenschen. Gefühle wirken sich auf den Körper, den Geist und die Seele aus. Gedanken können sowohl Stimmungen aufhellen als auch krank machen. Dabei macht es keinen Unterschied, ob Gedanken nur gedacht sind oder laut ausgesprochen werden. *„Du bist nicht gut genug"* – eine innere Stimme, die sich als innerer Kritiker in einigen Menschen immer wieder zeigt. Therapeuten weisen darauf hin, dass diese destruktive Kraft seelischen Schaden zufügt, wenn Menschen derart über sich denken. Ein richtiger, ein konstruktiver Umgang mit dem inneren Kritiker will dementsprechend gelernt sein. In den meisten von uns lebt eine andere Stimme. Eine gütige, eine liebevolle, eine mitfühlende. Wer sich für die Erkenntnisse der positiven Psychologie öffnet, kann sich das Wissen um deren Kraft zu eigen machen.

2.2 Was sich hinter unseren Gedanken verbirgt

Der finstere Blick, das fröhliche Lachen, die hochgezogenen Augenbrauen, die traurige Stimme. Gefühle zeigen sich im Gesicht und drücken sich im Verhalten aus. Wenn ich Sie fragen würde, warum Sie ärgerlich reagieren, dann ließen sich exemplarisch folgende Antworten finden:

„Ich ärgere mich,

- *über den rücksichtslosen Autofahrer.*
- *über die ungerechtfertigte Kritik eines Kunden.*
- *über den stundenlangen Stau vor einer Baustelle.*
- *über meinen schlecht gelaunten Chef."*

2 Gedankenkraft – Wortkraft

Lange Zeit war dies sogar die gängige Überzeugung, dass Gefühle eine Reaktion auf äußere Ereignisse sind, wie obige Antworten veranschaulichen, und sie sich automatisch melden, vergleichbar mit einem Schalter, mit dem sie angeknipst werden. Sie kommen demnach in den ungünstigsten Momenten ohne Vorwarnung über uns, mitunter gegen unseren Willen.

Neueste Forschungsergebnisse bringen andere Erkenntnisse hervor. Die amerikanische Psychologin und Neurowissenschaftlerin Dr. Lisa Feldman Barrett zeigt, dass wir weit mehr Kontrolle über unsere Gefühle haben, als wir ahnen. Gefühle sind nicht universell in unserem Gehirn vorprogrammiert. Die Wahrheit ist: Unser Denken, unsere inneren Dialoge rufen die Gefühle hervor (vgl. Feldman Barrett 2023). Angst, Freude, Sorge, Trauer, Wut – resultieren aus unseren gleichermaßen ausgesprochenen wie unausgesprochenen Worten. Es handelt sich hierbei immer um die eigenen und subjektiven Bewertungen, die darüber entscheiden, wie man sich fühlt. Die Gefühlsexpertin Vivian Dittmar klärt auf, dass Gefühle an sich neutral sind. Auf Basis der eigenen Geschichte, der eigenen Erfahrungen und Erlebnisse wird die neue Situation bewertet. Anders ausgedrückt: Sie fühlen, wie Sie denken. Das erklärt auch, warum Menschen auf ein und dasselbe Erlebnis unterschiedlich reagieren (vgl. Dittmar 2017). Wie sonst könnte es sein, dass manche Menschen trotz eines scheinbar unbekümmerten Lebens Unzufriedenheit oder Ängste entwickeln, während andere auch schwere Schicksalsschläge ohne psychische Beeinträchtigung verkraften? Ein Verlust ist traurig und schmerzlich. Der seelische Schmerz verstärkt sich durch düstere und trübe Gedanken.

2.3 Die Vielfalt von Gefühlen

Gefühle sind unsere täglichen Begleiter und allgegenwärtig. Sie schwingen sowohl in privaten als auch in freundschaftlichen oder beruflichen Beziehungen mit. Gefühle können nach dem Psychologen Paul Ekman plötzlich und wie aus heiterem Himmel entstehen, ohne dass das Bewusstsein den Auslöser erkennt, warum dieses oder jenes Gefühl hervorgerufen wird (vgl. Ekman 2010, S. XIV).

Ein Beispiel aus dem Leben:
Sabrina und Sonja verabreden sich an einem sonnigen Nachmittag in der Innenstadt zu einem Kaffee. Sabrina freut sich über das Treffen. Endlich haben sie wieder einmal Zeit, sich ausgiebig miteinander auszutauschen. Gut gelaunt steigt Sabrina in ihr Auto. Die Zeit ist knapp, wegen einer Baustelle muss sie jetzt auch noch einen Umweg fahren. Rote Ampeln hindern sie am zügigen Vorwärtskommen. Nun überquert auch noch eine Fußgängerin bei Rot die Straße. Sabrina ärgert sich maßlos. Sie kommt gestresst im Café an und schildert Sonja ihren Ärger. Sonja hört zu und sagt: „Schwamm drüber. Es gibt Situationen, die wir nicht ändern können, sondern akzeptieren müssen. Lass dir nicht die gute Laune verderben." Sabrina antwortet darauf: „Du hast ja recht." Daraufhin verfliegt ihr Ärger. Der lustige Teil des Treffens beginnt.

Gefühle sind vielfältig: Sie können angenehm oder unangenehm sein und unterschiedlich stark in ihrer Ausprägung. Manchmal sind sie sehr flüchtig und wechseln von einem auf den anderen Moment. Manchmal bleiben sie im Hintergrund, manchmal fordern sie unsere ganze Aufmerksamkeit. Gefühle können uns das Leben retten, das Leben aber auch schwer machen. Manchmal fühlen wir uns unseren Gefühlen ausgeliefert oder von ihnen überwältigt. Sie können uns veranlassen, angemessen zu handeln oder auch nicht. Ab und zu bringen uns unsere Gefühle dazu, in einer Art und Weise zu agieren, die wir im Nachhinein zutiefst bereuen. Gefühle können sogar von Menschen, die wir nicht persönlich, sondern ausschließlich aus dem Fernsehen, der Zeitung, aus sozialen Medien kennen, ausgelöst werden. Aber auch Situationen, von denen wir nicht unmittelbar betroffen sind, können gefühlsmäßige Äußerungen in uns entfachen.

Gefühle – oftmals als Emotionen bezeichnet – sind Gegenstand der Emotionspsychologie. Sie beschäftigt sich mit der Frage, wie Emotionen ausgedrückt werden, wie sie Einfluss nehmen auf Körper, Geist, Seele und wie sie ebenso auf die Umwelt wirken (vgl. beispielsweise Merten 2003).

Angst, Freude, Trauer, Wut – diese vier Gefühle, werden in der einschlägigen psychologischen Forschung als Basisgefühle eingestuft. In einigen Ansätzen ist die Sorge als Gefühl enthalten. An diesen fünf Gefühlen orientiert sich dieses Werk. Diese Basisgefühle sind in uns angelegt.

Daneben gibt es eine Reihe von Empfindungen, die wir als Gefühle bezeichnen, die im Grunde genommen jedoch keine sind: Bauchgefühl, Glücksgefühl, Liebesgefühl, Minderwertigkeitsgefühl, Mitgefühl, Neidgefühl, Schamgefühl, Schuldgefühl, um nur einige zu nennen. Diese Empfindungen sind Fähigkeiten, die wir erst entwickeln müssen und die im Gegensatz zu Gefühlen nicht genetisch angelegt sind (vgl. Dittmar 2017).

Der Psychoanalytiker, Philosoph und Sozialpsychologe Erich Fromm beschreibt beispielsweise in seinem Buch *Die Kunst des Liebens* das Erlernen und Aneignen des Liebesgefühls: Viele Menschen glauben, die Liebe fällt einem in den Schoß, wenn man Glück hat. Die wenigsten nehmen an, dass man seinen Beitrag leisten muss, selbst etwas tun muss, um zu lieben (vgl. Fromm 2007, S. 11).

Liebe bedeutet, einen Menschen in seiner Individualität zu sehen, wahrzunehmen und ihn in seinem Sein gänzlich anzunehmen. Nämlich auch solche Facetten anzunehmen, die jemandem nicht gefallen, die als störend erlebt werden. Das muss man erlernen. Gleichzeitig bedeutet Liebe, sich selbst in seiner Individualität anzunehmen – wie man ist. Sich selbst als All-inclusive-Persönlichkeit wahrzunehmen, mit den guten, aber auch verbesserungswürdigen Seiten. Das muss man ebenfalls erst erlernen.

2.4 Das ABC der Gefühle

Auch wenn es den Anschein hat, sind unsere Gefühle nicht fein säuberlich vom Verstand getrennt – einerseits das rationale Denken, anderseits das unberechenbare Gefühl. Wie bereits erwähnt: Unsere Denkweise erzeugt die Gefühle. In welchem Ausmaß wir gefühlsmäßig auf eine Situation reagieren, hängt auch von unseren Gedanken ab. Sie können uns sogar dazu bringen, einem relativ bedeutungslosen Ereignis eine große Bedeutung zuzuschreiben und daraufhin mit einem starken Gefühl zu reagieren (vgl. Wlodarek 2023).

Die Kraft der Auswirkungen zeigt die kognitive Verhaltenstherapie. Albert Ellis, ein amerikanischer Psychotherapeut und renommierter Vertreter dieser Richtung, hat ein psychologisches Konzept entwickelt, das ABC der Gefühle, das den Zusammenhang zwischen Gedanken und Gefühlen zeigt. Sein Modell erklärt, warum nicht alle Menschen gleich auf ein und dasselbe Ereignis reagieren. Angenommen, Sie wollen abnehmen, sind rückfällig geworden, weil Sie eine Tafel Schokolade gegessen haben. Während die Gedanken *„Oh, mein Gott, wie schlimm, wie soll ich das nur schaffen, 20 kg abzunehmen!"* Wut hervorrufen, bewirken die Gedanken *„Sehr schade, dass meine*

Disziplin nicht gehalten hat, aber ich werde versuchen, Obst zu essen, wenn mich das nächste Mal der Heißhunger auf Schokolade überkommt" ein tröstendes Gefühl.

In übersichtlicher Form zeigen Dr. Doris Wolf, Diplom Psychologin, Psychotherapeutin und Autorin, und Dr. Rolf Merkle, Diplom Psychologe, Psychotherapeut und Autor, wie Gefühle nach dem ABC der Gefühle entstehen (vgl. Wolf und Merkle 2009):

A: Situation
B: Gedanken
C: Gefühle

A – Situation: Jedes Mal, wenn man sich ärgert, freut, sorgt, wenn man traurig oder ängstlich ist, geht dem eine Wahrnehmung voraus. Man wurde an Vergangenes erinnert, hat etwas gehört, gelesen, gesehen oder sich Situationen in der Zukunft vorgestellt. Das ist die Situation.

B – Gedanken: Die Situation wurde mehr oder weniger bewusst als negativ, positiv oder neutral bewertet beziehungsweise interpretiert. Menschen ordnen aufgrund der persönlichen Geschichte (eigene Erfahrungen, Erlebnisse, Glaubenssätze, Wertvorstellungen) eine Situation ein. Die Interpretation ist somit immer subjektiv.

C – Gefühle: Die Gefühle folgen unverzüglich. Die Gedanken setzen unverzüglich eine biochemische Reaktion in Gang, eine gefühlsmäßige und körperliche Reaktion. Man fühlt sich verärgert, fröhlich, traurig, ängstlich oder man sorgt sich. Möglicherweise beginnt das Herz zu rasen, man schwitzt, bekommt ein rotes Gesicht, zittert, man flüchtet aus der Situation, trinkt einen Kaffee, schreit das Gegenüber an oder Ähnliches.

Nicht die Situation (**A**) ist die Ursache der Gefühle (**C**), sondern die Gedanken (**B**) zu dieser Situation (vgl. Wolf und Merkle 2009).

Ein Beispiel aus dem Leben:
Rainer verspätet sich zur Verabredung mit Sonja. Es liegt nun an Sonja, was sie fühlt. Sonja kann sich über die Verspätung ärgern, freuen, sie kann traurig, sorgenvoll, ängstlich oder neutral reagieren.

Stellt sich Sonja gedanklich die Frage „Warum ist Rainer niemals pünktlich?", wird sie vermutlich wütend werden. Vielleicht ist Sonja froh, dass er sich verspätet, denn so hat sie Zeit, ihre E-Mails zu checken. Vielleicht ist sie traurig, weil Rainer sie warten lässt. Möglicherweise macht sie sich Sorgen, dass er die Adresse nicht findet. Natürlich könnte Sonja Angst haben, dass Rainer mit einer anderen Frau unterwegs ist. Der Verspätung keine Bedeutung beizumessen, wäre eine neutrale Reaktion.

Die Abfolge des ABC-Prozesses dauert sehr kurz. Einige Sekunden, wenn nicht sogar nur Millisekunden. Deshalb ist der Zusammenhang zwischen Gedanken und Gefühlen nicht erkennbar. Derartige Szenen sind uns allen nicht unbekannt: Wie oft kommt es vor, dass man aus einem Impuls heraus reagiert? Wie oft kommt es vor, dass manche Worte wie Reizworte wirken? Aber auch den Impulsen und Reizworten geht eine blitzschnelle Interpretation der Situation voraus.

Hinter den Gefühlen steht also ein erlerntes Rollenmuster, in das man zurückfällt, außer jemand steht unter Drogen oder ist geistig krank (vgl. Wolf und Merkle 2009).

Im täglichen Sprachgebrauch vermischen sich häufig Gedanken und Gefühle. Exemplarisch ließ sich Folgendes anführen.

Beispiele aus dem Leben:
Ich spüre die Angst in mir, wenn du diese Worte zu mir sagst.
  Ich fühle mich minderwertig.
  Ich danke dir, dass du mir ein gutes Gefühl gibst.

Warum kommst du wieder zu spät? Obwohl du weißt, dass mich Unpünktlichkeit wütend macht.

Auch hier gilt das Gesetz des ABC: Eigene Bewertungen lösen Gefühle aus. Meist ist man es gewohnt, Bewertungen laut oder in Gedanken vor sich hinzusagen. Bewertungen entsprechen dennoch nicht immer den Tatsachen. Man über- oder untertreibt vielfach in Bezug darauf, was man hört oder erlebt. Dennoch entstehen Gefühle automatisch als Folge der Gedanken, unabhängig davon, ob die Gedanken den Tatsachen entsprechen oder nicht.

Das ABC der Gefühle ist ein Schlüssel zum Verständnis der eigenen Gefühle und jener der Mitmenschen. Es lohnt sich zu lernen, seine Gedanken sichtbar zu machen, sich ihrer bewusst zu sein, um Schritt für Schritt innere Vorgänge und somit das ABC der Gefühle zu erkennen und zu verstehen. Mit ihm erlernt man einen bewussteren und achtsameren Umgang mit den Gedanken. Die Fähigkeit, eigene Gedanken möglichst früh zu erkennen, erleichtert in vielen Situationen den Umgang mit gefühlsmäßigen Reaktionen. Jedes Gefühl ruft ein Muster an Empfindungen hervor. Wenn wir Muster frühzeitig erkennen und sie uns bewusst sind, können wir sie besser managen und sie in eine andere Richtung lenken. Zumindest sollten wir in der Lage sein, ihre Wirkung abzuschwächen. Wer lernt, ein negatives Erlebnis, auf das er bislang sehr traurig, ängstlich, sorgenvoll oder wütend reagiert hat, mit anderen Augen zu sehen, wird im besten Falle mit der Zeit von seinen Gefühlen nicht mehr überwältigt (s. Abschn. 5.6). Wenn man beispielsweise weiß, dass man in einer bestimmten Situation dazu neigt, ängstlich zu reagieren, lernt man, gefasster, gelöster zu sein, innerlich einen Schritt zurückzutreten, um Einfluss auf seine Angst zu nehmen, um von ihr nicht beherrscht zu werden. Wer sich beispielsweise bewusst ist, dass in ihm ein innerer

Tumult ausgelöst wird, sobald sich jemand verspätet, kann lernen, dieser Situation entgegenzuwirken, um in Zukunft gelassen(er) darauf zu reagieren. Wer lernt, in herausfordernden Situationen ruhig(er) zu bleiben, verhilft sich zu emotionaler Stabilität, innerer Ruhe und Gelassenheit.

Destruktive Gedanken machen uns ängstlich, wütend, sorgenvoll oder traurig, gute Gedanken hingegen erfüllen uns mit Freude und Zufriedenheit. Mit dem ABC der Gefühle erkennen wir, warum uns einige Gefühle zu überschwemmen scheinen.

Um destruktive gefühlsmäßige Episoden einzudämmen und konstruktive fördern zu können, wäre es hilfreich, die Geschichte beziehungsweise die Wurzel eines Gefühls zu kennen (vgl. Ekman 2010). Dies braucht oftmals einen langen Atem.

Gedanken haben einerseits einen direkten Einfluss auf unsere Stimmung. Die Worte *„Ich freue mich, hier zu sein!"* erzeugen ein anderes Gefühl als *„Ach, mir bleibt auch nichts erspart, schon beim Gedanken daran überfällt mich die Angst"*. Gefühle lassen sich andererseits nicht willkürlich erzeugen. *„Ich freue mich sehr!"* – wer keine Freude in sich fühlt, vermag diese Worte zwar auszusprechen, doch Glücksgefühle werden keine ausgelöst. Gefühle und Stimmungen verändern sich ausschließlich über Gedanken beziehungsweise Worte. Dieser Veränderungsprozess ist bedauerlicherweise nicht immer so einfach, wie es theoretisch den Anschein hat. Der Prozess kann seine Zeit dauern. Gedanken ändern sich nicht von heute auf morgen, dazu braucht es Geduld und Zeit. Eine Trauerphase kann beispielsweise nicht abgekürzt werden. Man muss der Trauer Raum und Zeit geben. Es ist jedoch möglich, sich während der Trauerphase gute Gedanken zukommen zu lassen, Um nicht in der Trauer hängen zu bleiben (s. Abschn. 3.6).

Natürlich können wir nicht, wie bereits erwähnt, die Gedanken unserer Mitmenschen lesen. Wir kennen deren Erlebnisse, deren Lebensgeschichte, deren Erwartungen nicht, dennoch begreifen wir durch das ABC der Gefühle, welche Prozesse im Gegenüber vor sich gehen. Ein ausgesprochenes Reizwort weckt Erinnerungen an ein Erlebnis in der Vergangenheit und führt zu einer daraus resultierenden, möglicherweise ungehaltenen Reaktion. Gut zu wissen: Wann immer jemand behauptet, dass wir ihn wütend machen, wann immer uns jemand ein schlechtes Gewissen einreden möchte, dürfen wir diesen schweren Rucksack getrost in die Ecke stellen. Denn jeder ist für seine Gefühle selbst verantwortlich. Mit diesem Wissen erleben wir eine Gelassenheit und innere Freiheit im Umgang mit den Mitmenschen. Was nicht bedeutet, dass man seine Umgebung ab- und bewertend behandeln darf. Begegnung auf Augenhöhe, Respekt und Wertschätzung sind das A und O eines guten Miteinanders (s. Abschn. 6.2). Wer zu einer anderen Person, egal, ob jung oder alt, *„Du Versager!"* sagt, ist mitverantwortlich für deren destruktive Gedanken und schlechten Gefühle. Im schlimmsten Fall wurde ein „Seeding" (s. Abschn. 5.3) gesetzt oder es wurde eines aktiviert. Wir können durch unser Denken unsere persönliche Welt weitgehend gestalten. Je positiver und konstruktiver unser Denken, unsere inneren Dialoge sind, desto besser unser Erleben.

2.5 Körper. Geist. Seele

- *Die Angst geht durch Mark und Bein.*
- *Ein Problem liegt wie Blei im Magen.*
- *Liebeskummer bricht das Herz.*
- *Wer sich ärgert, dem geht die Galle hoch.*
- *Das geht mir an die Nieren.*

Der Volksmund kennt viele Weisheiten. Doch was meist eher locker und beiläufig gesagt wird, ist Ausdruck eines engen Zusammenspiels von Körper, Geist und Seele. Ein Zusammenspiel, das in langer Tradition von chinesischen Weisheiten bis heute überliefert wird. Ein Konzept, das sich seit Jahrtausenden bewährt und wertvolles Wissen über die seelische, geistige und körperliche Gesundheit liefert. Die Traditionelle Chinesische Medizin (TCM) liegt in einer uralten Philosophie begründet. Heilkundige und Mediziner pflegten in China eine vielschichtige und tiefgreifende Auseinandersetzung mit dem Leben an sich. Die alten Meister gehen davon aus, dass Gefühle in einem weitaus höheren Maße an Krankheiten beteiligt sind, als man dies in der westlichen Medizin für möglich hält (vgl. Beinfield und Korngold 2003, S. 89). Körperliche Beschwerden und Schmerzen drücken auf die Stimmung und umgekehrt spürt man körperliche Beschwerden, wenn man unter Stress steht oder überfordert ist. Wer sich seelisch beziehungsweise körperlich nicht gut fühlt, dem fällt es zunehmend schwer, positive Gedanken zu haben. Prüfungsängste können beispielsweise Bauchschmerzen verursachen. Einer ungeliebten Tätigkeit nachzugehen, wirkt sich aufs Gemüt aus.

Ein Beispiel aus dem Leben:
Barbara hat Ärger mit ihrem Kollegen Martin. Barbara berichtet ihrer Kollegin Sonja über Martin. Sonja wird auch ärgerlich und beide beginnen, über Martin zu schimpfen. Als Barbara nach Hause fährt, brodelt es noch immer in ihrem Kopf. Zu Hause „beglückt" sie ihre Familie mit den Ärgernissen in der Firma.

Obige Gedankengänge sind durchaus in der Lage, die Nachtruhe zu stören. Wie oft kommt es vor, dass man wach im Bett liegt vor dem Hintergrund innerer (Wut-)

Gespräche. Untersuchungen zeigen, wie sich permanenter Ärger, beruflich oder privat, auf die Gesundheit auswirken, wie Dr. Christian Schubert, Leiter des Labors für Psychoneuroimmunologie in Innsbruck, erklärt. Der Körper steht bei ständigem Ärger unter Hochspannung und wird permanent von Stressbotenstoffen überflutet. Ärger regt über das vegetative Nervensystem und den im Zwischenhirn gelegenen Hypothalamus die Nebennieren an, Stressbotenstoffe zu produzieren. Messbar ist das durch die Stressbotenstoffe Cortisol, Katecholamine (Adrenalin, Noradrenalin, Dopamin) und den Immunstoff Neopterin (vgl. Schubert und Amberger 2016). Die persönlichen Ressourcen sind meist nicht ausreichend, um den Stresshormonen entgegenwirken zu können. Oft fühlt man sich sogar in den terminfreien Zeiten zunehmend erschöpft und müde.

Gedanken können sowohl Stimmungen aufhellen als auch Stimmungen trüben. Der Neurobiologe, Mentalcoach und Autor Dr. Marcus Täuber ist davon überzeugt, dass Gedanken wie Medizin wirken können und uns heilen können – oder uns krank machen beziehungsweise im schlimmsten Falle zum vorzeitigen Tod führen können (vgl. Täuber 2020, S. 160). Dabei macht es keinerlei Unterschied, ob Gedanken nur gedacht sind oder laut ausgesprochen werden. *„Du bist nicht gut genug"* – in uns allen ist eine Stimme, die destruktiv und negativ auf uns einredet. Eine Stimme, die abwertet, beurteilt und verurteilt. Sie hat immer etwas an uns auszusetzen, zu kritisieren und ist nie mit uns zufrieden. Dabei kann die Stimme sehr überzeugend sein. Nämlich so, dass wir ihr jedes Wort glauben. Und das ist das Bedenkliche. Therapeuten sprechen vom inneren Kritiker. Sie betonen, dass man sich langfristig seelischen Schaden zufügt, wenn man schlecht beziehungsweise geringschätzig über sich denkt, an sich zweifelt oder sich gar ablehnt. Ist dieser innere Kritiker sehr stark, schwächt er das Selbstvertrauen und Selbstwertgefühl. Beispielsweise können Angststörungen, Depressionen, Zwänge entstehen (vgl. Merkle 2024). Wenn die Seele leidet, beeinträchtigt sie sowohl private und berufliche Beziehungen als auch das körperliche Wohlbefinden. Ein richtiger, ein konstruktiver Umgang mit dem inneren Kritiker will dementsprechend gelernt sein. Es ist ein basaler Aspekt für die Selbstachtung und Selbstfürsorge.

In den meisten von uns lebt eine andere Stimme. Eine gütige, eine liebevolle, eine mitfühlende, eine sanfte, eine wohlwollende. Wer sich für die Erkenntnisse der positiven Psychologie (vgl. z. B. Fredrickson 2011; Seligman 2005; Tomoff 2017) öffnet, kann sich das Wissen um deren Kraft zu eigen machen. Positive Gedanken und Worte tun unserer seelischen Gesundheit gut. Das innere Wohlbefinden ist imstande, uns geradezu zu mobilisieren.

Gefühle sind zwar immateriell und unsichtbar, trotzdem tiefgreifend und spürbar. Sie äußern sich im Körper, im Geist und der Seele, im Verhalten und in der Stimme. Und manchmal tun sie das mächtig und stark, wie das jeder von uns kennt. Gefühle entstehen innerhalb unseres Körpers. Sie müssen kein Abwehrsystem überwinden, um in unseren Körper zu gelangen, wie dies bei Bakterien, Viren oder dergleichen der Fall ist. Ein Gefühl ist eine Gemütsbewegung, die sich nach außen zeigt und zugleich nach innen wirkt. Gefühle sind Teil unseres Lebens und gehören zur menschlichen Natur. Alle fünf Gefühle spielen eine Rolle für unsere Gesundheit. Jedes Gefühl erfüllt sogar eine wichtige Funktion. Sie haben also einen Sinn, darüber sind sich heutzutage die Experten einig. Zum Beispiel ist es uns angeboren, Angst zu haben. Angst sorgt dafür, dass wir lebensbedrohliche Risiken meiden. Es heißt also nicht, dass wir von nun an keine schlechten Gefühle haben dürfen oder sie unterdrücken müssen. Im Gegenteil: Wir dürfen wütend sein, wenn das Auto einen Kratzer abbekommt. Wir dürfen uns über eine Gehaltserhöhung freuen, wir dürfen trauern beim Tod eines geliebten Menschen. Selbstverständlich dürfen wir nachdenklich sein oder Angst zeigen, wenn Gefahr droht. Selbst wenn derartige Gefühlsäußerungen eine innere Wirkung zeigen, sind sie nicht gesundheitsgefährdend, sondern durchaus angemessen. Angst, Freude, Sorge, Trauer, Wut wollen gefühlt und durchlebt werden. Doch in einem gesunden Maße.

Lebensphasen des Umbruchs setzen den Menschen meist unter großen Stress, einiges bringt ihn sogar bis an seine Grenzen. Scheidungen, Krisen oder Krankheiten können durchaus sehr stressig sein. Gefühle, die damit einhergehen, verlangen danach, verarbeitet zu werden. Der Mensch muss sich auf neue Situationen einstellen und Altes hinter sich lassen. Aber auch Kinder in der Trotzphase oder Jugendliche in der Pubertät beziehungsweise Verliebte durchleben ein Auf und Ab der Gefühle.

Negative Gefühle (Angst, Sorge, Trauer, Wut) zu durchleben, dauert seine Zeit. Sich Zeit nehmen, Zeit geben, Zeit haben – dies sollten gelebte Worte sein. In der heutigen Zeit, wo alles schnell gehen muss, findet dieses Durchleben meist zu wenig Beachtung. Doch ein dauerhaftes Wegschieben funktioniert bedauerlicherweise nicht. Der Prozess des Durchlebens lässt sich weder verkürzen noch beschleunigen. Wer etwa nicht angemessen trauert, nie seiner Wut freien Lauf lässt, ständig seine Sorgen und Ängste verbirgt, stresst sich. Und der Körper reagiert auf die seelische Schieflage mit Beschwerden oder Schlafstörungen. Die Hoffnung, dass Gefühle, die ignoriert werden, einfach wieder verschwinden oder sich in Luft auflösen, erfüllt sich nicht.

Gefühle wollen einen Raum haben, doch darf man in ihm nicht verharren. Gefühle machen dann krank, wenn sie lange anhalten, sehr stark sind, über einen langen Zeitraum unterdrückt werden oder der Mensch die Kontrolle über sie verliert. Egal, um welches Gefühl es sich handelt, jedes Zuviel oder Zuwenig ist auf Dauer den traditionellen chinesischen Weisheiten entsprechend unangemessen und schädigend.

Gegen ein Übermaß an Gefühlen können wir auch selbst aktive Maßnahmen einsetzen, um ihrem schädlichen Einfluss entgegenzuwirken. Das kann in professioneller Begleitung ablaufen oder allein. Mögliche Strategien wären etwa das Bewusstmachen und Hinterfragen von Gedanken, das Reflektieren von Glaubenssätzen und inneren Werten, ein wohlwollender Umgang mit sich selbst und den Mitmenschen, das Auflösen von Seedings beziehungsweise Traumen, die Aussöhnung mit dem inneren Kind, Bewegung und Sport, das Ausleben seiner Talente, um nur einige zu nennen. Schritt für Schritt lernen wir, mit Gefühlen umzugehen, sie zu akzeptieren, sie zu durchleben und sich mit ihnen im Fluss des Lebens zu bewegen, anstatt in Gefühlsausbrüchen aufzugehen beziehungsweise in ihnen zu verharren.

Die folgenden Kapitel zeigen, wie ein gesunder und achtsamer Umgang mit Stress und folglich mit Gedanken und Gefühlen gelingen kann. Ziel ist es, zu einem inneren Wohlbefinden zu gelangen und sich zu einer selbstbewussten Persönlichkeit zu entwickeln, die nichts so schnell aus der Ruhe bringen kann. Kurz gesagt: in der eigenen Mitte leben und wirken zu können.

Literatur

Beinfield, H., Korngold, E.: Traditionelle chinesische Medizin und westliche Medizin. Eine Zusammenführung. Grundlagen, Typenlehre, Therapie. Aus dem Englischen übersetzt von Stephan Schuhmacher. 2. Aufl. Bern: Barth (2003)

Dittmar, V.: Gefühle & Emotionen. Eine Gebrauchsanweisung. 4. Aufl. München: edition est (2017)

Ekman, P.: Gefühle lesen. Wie Sie Emotionen erkennen und richtig interpretieren. 2. Aufl. Aus dem Englischen übersetzt von Susanne Kuhlmann-Krieg und Matthias Reiss. Berlin: Springer (2010)

Feldman Barrett, L.: Wie Gefühle entstehen. Eine neue Sicht auf unsere Emotionen. 2. Aufl. Aus dem Amerikanischen übersetzt von Elisabeth Liebl. Hamburg: Rowohlt (2023)

Fredrickson, B.L.: Die Macht der guten Gefühle. Wie eine positive Haltung ihr Leben dauerhaft verändert. Aus dem Englischen übersetzt von Nicole Hölsken. Frankfurt: Campus (2011)

Fromm, E.: Die Kunst des Liebens. 25. Aufl. München: Deutscher Taschenbuch Verlag (2007)

Merkle, R.: So gewinnst du mehr Selbstvertrauen. Nimm dich selbst an, zähme deinen inneren Kritiker und schließe Freundschaft mit dir. München: PAL (2024)

Merten, J.: Einführung in die Emotionspsychologie. Stuttgart: Kohlhammer (2003)

Seligman, M.E.P.: Der Glücks-Faktor. Warum Optimisten länger leben. Aus dem Englischen übersetzt von Siegfried Brockert. Köln: Lübbe (2005)

Schubert, C., Amberger M.: Was uns krank macht – Was uns heilt. Aufbruch in eine neue Medizin. Das Zusammenspiel von Körper, Geist und Seele besser verstehen. Munderfing: Fischer & Gann (2016)

Täuber, M.: Gedanken als Medizin. Wie Sie mit Erkenntnissen der Hirnforschung die mentale Selbstheilung aktivieren. Wien: Goldegg (2020)

Tomoff, M.: Positive Psychologie. Erfolgsgarant oder Schönmalerei. Heidelberg: Springer (2017)

Wlodarek, E.: Souverän ich selbst. So gewinnen Frauen Sicherheit und Stärke. München: Deutscher Taschenbuch Verlag (2023)

Wolf, D., Merkle, R.: Gefühle verstehen, Probleme bewältigen. Ein praktischer Ratgeber zur Überwindung von Ängsten, Unsicherheiten, Minderwertigkeits- und Schuldgefühlen, Eifersucht, depressiven Verstimmungen. 24. Aufl. München: PAL (2009)

3

Von der Verwicklung zur Entwicklung

3.1 Ein Blick ins Kapitel

Um nicht von Stress und Gefühlen überwältigt zu werden, sondern diese vielmehr als Entwicklungsschritte zu sehen, erhalten Sie in diesem Kapitel wertvolle Impulse. Ziel jeder Entwicklung ist es, zu einem inneren Wohlbefinden zu gelangen, um in seiner eigenen Mitte leben zu können. Das transaktionale Stressmodell des amerikanischen Psychologen Richard S. Lazarus zeigt, wie eine erfolgreiche Bewältigung von Stress gelingt. Wut ist zwar ein natürliches Gefühl und Teil unseres Lebens, allerdings lassen sich Wutgefühle nicht immer leicht managen. Hier erfahren Sie Wege zu mehr Gelassenheit. Kann es ein Zuviel an Freude geben? Ja, dabei handelt es sich um unkontrollierbare, überschießende Freude bis hin zu Begierde.

Der Weg aus der Angst geht durch die Angst.

Die kleinen und großen Sorgen des Alltags kennt jeder. Es ist völlig in Ordnung, sich zu sorgen. Die Worte des Straßenkehrers Beppo aus Michael Endes Buch „*Momo*" sind sehr hilfreich im Umgang mit Sorgen. Trauergefühle sind essenziell, um loszulassen und Abschied zu nehmen. Wird Trauer bewusst durchlebt, so schmerzhaft sie auch sein kann, besteht immer eine Chance des Neubeginns. Angst hat viele Gesichter: Sie zeigt sich etwa als Angst vor Spinnen, als Prüfungsangst, als Angst vor einer neuen Beziehung. Wer Angst hat, muss sich nicht verstecken oder sich für sie schämen. Wer seine Angst annimmt, hat indes einen ersten Schritt zur Veränderung gesetzt.

3.2 Stress in das Leben integrieren

Beispiel aus dem Leben:
Die neue Arbeitswoche beginnt: Der Terminkalender ist randvoll. Es ist kaum 10 Uhr und Sie sind im Dauerstress, während Ihr Kollege mit ähnlichem Arbeitspensum gelassen einen Kaffee trinkt.

Die zahlreichen Anforderungen des Alltags können sehr belastend sein. Nicht nur die Aufgabe selbst kann einem zusetzen, sondern auch die Gedanken. Diffuse Ängste, Sorgen, den Aufgaben nicht gewachsen zu sein, belasten. Diese Einflussgrößen in ihrer Gesamtheit lösen Stress aus. Dieser Stress kommt von innen und von außen. Körper, Geist und Seele sind permanent in Alarmbereitschaft und unter Hochspannung. Die evolutionär begründete und überlebenswichtige Aktivierung der Kräfte, wenn Gefahr drohte, ist in unserer Zeit meist mit negativen Auswirkungen für den Organismus verbunden. Ja, es stimmt: Stress gehört zum Leben dazu und ist ein Teil von diesem. Im Übermaß allerdings kann er krank machen. Denn die ersehnte und notwendige Ruhe stellt sich kaum noch ein.

3 Von der Verwicklung zur Entwicklung

Vielleicht fragen Sie sich, warum Ihr Stresspegel so hoch ist? Folgt man der Theorie des Stressmodells von Lazarus sind Sie durch Ihre Bewertungen und den Umgang mit der Situation für den Stress selbst verantwortlich. Das transaktionale Stressmodell des amerikanischen Psychologen Richard S. Lazarus ist ein Konzept, das sich mit der Entstehung und Bewältigung von Stress befasst. Es ist nicht nur für berufliche Herausforderungen hilfreich, sondern ebenso für private oder persönliche. Das Modell beschreibt, vereinfacht ausgedrückt, dass Stress nicht ausschließlich durch äußere Reize (Stressoren) ausgelöst wird. Vielmehr ist die individuelle, subjektive Bewertung einer Person der maßgebliche Stressauslöser. Stress existiert nicht per se und wird nicht von jeder Person gleichermaßen wahrgenommen. Was Stress auslöst, ist nicht verallgemeinerbar, sondern individuell unterschiedlich. Was für den einen Menschen völlig normal ist, kann ein anderer als stressig empfinden. Das Modell ist in vier Phasen eingeteilt: die primäre Bewertung, die sekundäre Bewertung, die Stressbewältigung und die Neubewertung (vgl. Lazarus und Folkman 1984).

Das Stressmodell nach Lazarus lässt sich anhand eines Beispiels aus der Praxis erklären:

Sie haben eine neue Stelle in der Buchhaltung angetreten. Ihr Vorgesetzter bittet Sie, eine Zwischenbilanz zu erstellen und diese zu präsentieren. Dazu haben Sie 10 Tage Zeit. Diese Aufgabe ist ein Stressor, also der Stressreiz. In einem ersten Schritt (primäre Bewertung) bewerten Sie die Aufgabe hinsichtlich Ihrer Auswirkungen auf Sie und Ihr Wohlbefinden. Die Aufgabe kann als irrelevant, positiv oder stressend eingestuft werden. Diese Bewertung kann sehr individuell ausfallen. Sie ist beispielsweise von den bisherigen Erfahrungen, dem Persönlichkeitstyp, der momentanen Verfassung der betreffenden Person abhängig. Wenn Sie in Ihrem bisherigen Berufsleben bereits

Zwischenbilanzen erstellt haben und sie es lieben, diese zu präsentieren, stellt diese Aufgabe vermutlich keine Hürde für Sie dar. Sie sind positiv gestimmt und Sie können auf bewährte Bewältigungsstrategien zurückgreifen. Sollte die Präsentation für Sie bedeutungslos sein, ist die Aufgabe irrelevant. Ängstigen Sie sich davor, den Job zu verlieren bzw. vor Menschen zu sprechen, oder sollte der Zeitrahmen zu knapp bemessen sein, stufen Sie die Aufgabe möglicherweise als bedrohlich und stressig ein. Hinzu kommt, dass die Präsentation einen hohen Stellenwert für Sie hat, da Sie gute Arbeit leisten wollen.

Empfinden Sie die Aufgabe als stressig, treten Sie in die zweite Stufe des Stressmodells ein: die sekundäre Bewertung. In dieser Phase prüfen Sie, ob genügend Möglichkeiten und Ressourcen vorhanden sind, um die Aufgabe termingerecht meistern zu können. Kommen Sie zu dem Ergebnis, dass Sie die Aufgabe in Ihrer bisherigen Firma gut bewältigen konnten, empfinden Sie weniger oder sogar keinen Stress. Der Stresspegel steigt umso höher, je weniger Ressourcen Ihnen zur Verfügung stehen beziehungsweise gesehen werden. Sie wissen nicht, wie Sie die Aufgaben bewältigen sollen, da dieser Job beispielsweise Ihr erster nach der Ausbildung an der Universität ist.

Im nächsten Schritt setzen Sie alles daran, den Stress zu bewältigen. Diese Phase wird als Coping bezeichnet. Das Modell nennt zwei Strategien zur Stressbewältigung: die problemorientierte (Wie kann ich das Problem lösen?) und die emotionsorientierte (Wie kann ich meine Emotionen regulieren?). Bei der problemorientierten Strategie versuchen Sie, die Situation selbst zu verändern, indem sie beispielsweise Ihr Zeitmanagement verbessern, nach Problemlösungen suchen, um Unterstützung bitten oder Prioritäten setzen. Die emotionsorientierte Stressbewältigung zielt indes darauf ab, den Bezug zur Situation zu verändern. Dies gelingt Ihnen, indem die belastenden

Gedanken bzw. Gefühle umgelenkt werden. Die Situation zu akzeptieren und positiver an die Aufgabe heranzugehen, Kompromisse einzugehen, Pausen einzulegen oder Entspannungsübungen durchzuführen, können förderliche Gedanken und positive Einstellungen hervorrufen. Durch diese Strategien fühlen Sie sich besser auf die Präsentation vorbereitet und weniger gestresst; die Angst nimmt ab und Sie setzen selbstbewusst und mit Selbstvertrauen die Präsentation in allen Teilschritten um.

In einem letzten Schritt wird die Situation noch einmal neu bewertet. Konnten Sie die Aufgabe mit den Bewältigungsstrategien erfolgreich meistern, ist eine Präsentation in Zukunft für Sie weniger bedrohlich oder bestenfalls eine interessante Herausforderung, die Sie gerne annehmen. Sie konnten sich bisher Fähigkeiten aneignen, die Ihnen eine innere Sicherheit und Stabilität, eine innere Freiheit geben. Die positiven Strategien zur Bewältigung der Aufgaben führen dazu, ein Übermaß an Stressaufkommen zu vermeiden. Durch die genannten Strategien gelingt es, das Stressmanagement zu verbessern.

Konnten Sie die Aufgabe nicht bewältigen, steigt Ihr Stresspegel hingegen und zukünftige Präsentationen können in Ihnen bedrohliche Szenarien auslösen.

3.3 Angst entlarven

Ein Beispiel aus dem Leben:
Es ist dunkel. Dann … ein Knacken im Gebüsch. Carola zuckt zusammen und richtet die gesamte Aufmerksamkeit auf das Geräusch. Und Carola spürt die Angst in sich aufkeimen.

Angst hat viele Gesichter. Sie zeigt sich in den unterschiedlichsten Ausprägungen: Angst vor Spinnen, als Prüfungsangst, als Angst vor Enttäuschungen, als Angst,

Erwartungen nicht zu erfüllen, als Angst vor dem Alter, als Angst, den falschen Job auszuwählen, als Angst vor der Angst, als Angst vor einer neuen Beziehung, als Angst vor Dunkelheit, als Angst vor Fahrstühlen, um nur einige zu nennen.

Täglich werden wir in den Medien mit schlimmen Meldungen konfrontiert. Wir hören Beiträge über Krankheiten, Unfälle, Trennungen, Katastrophen oder sehen tragische Bilder. Das sind Berichte, die nicht gerade ermutigen. Sie können durchaus verunsichern und sogar Ängste auslösen. Keine Frage, das Leben birgt unzählige Gefahren. Gänzlich frei von Ängsten ist kein Mensch.

Angst gehört als Gefühl zum Leben dazu. Angst zu haben, ist etwas ganz Normales. Und die Angst erfüllt auch einen wichtigen Sinn: Sie ist ein wertvolles Alarmsignal, wenn Gefahr droht. Ist die Gefahr vorüber, sollte der Körper in den Ruhezustand zurückkehren. Die Stressreaktion findet ein natürliches Ende und die Angst verschwindet (vgl. Hüther 2020, S. 15).

Bedauerlicherweise ist das nicht jedes Mal der Fall. Wie oft reagieren Menschen ängstlich, obwohl keine reale Gefahr droht. Sie schaffen sich mit ihren Gedanken eine eigene Realität.

Ein Beispiel aus dem Leben:
Theresa berichtet: „Meine Kinder und mein Mann tauchen leidenschaftlich gerne. Ich nicht, ich mag nicht mal schwimmen, wenn ich keinen Grund unter meinen Füßen spüre. Während mir das tiefe Wasser vor allem Angst einflößt, bedeutet es für den Rest meiner Familie pures Vergnügen und Spaß. Ständig muss ich mich zurückhalten, um nicht zu schreien: ‚Passt auf! Achtung! Stopp!' Vor meinem inneren Auge sehe ich bereits die Wasserrettung, wie sie nach meinen Lieben sucht. Jedes Mal bin ich heilfroh, wenn ein Tag am See oder Meer zu Ende geht. Ich denke jedes Mal aufs Neue, ich müsse

sterben! Ich fühle mich in meinem Körper gefangen, bin ihm hilflos ausgeliefert und habe entsetzliche Angst."

Wie oft sind Menschen davon überzeugt, nicht liebenswert zu sein, weil sie einmal zurückgewiesen wurden? Aus Angst trauen sie sich nicht mehr, auf Menschen zuzugehen oder im Mittelpunkt zu stehen.

Wie oft sind Menschen davon überzeugt, Versager zu sein, weil sie ein Ziel nicht erreicht haben? Ängste verhindern, weitere Ziele anzupeilen.

Wie oft sind Menschen davon überzeugt, nicht gut genug zu sein, weil sie in der Schulzeit bei Sportspielen immer zuletzt ins Team gewählt wurden? Aus Angst trauen sie sich nichts mehr zu.

Angst kann zu einer Angststörung führen. In einem Artikel lese ich vom 18-jährigen David (vgl. Wimmer 2015):

Ein Beispiel aus dem Leben:
Nachdem David (Name wurde von der Redaktion geändert) seine Matura mit Auszeichnung bestanden hat, stehen ihm alle Türen offen. Jedoch schmiedet er keine Zukunftspläne. Ihn nehmen massive Ängste in Beschlag. Die Ängste sind so groß, dass alles andere unwichtig geworden ist. Oft verbringt er seine Tage in seinem Zimmer und starrt an die Decke.

Was sich auf den ersten Blick möglicherweise ungewöhnlich liest, ist für David pure Realität. David leidet unter einer schweren Angststörung, wie sein Psychotherapeut MMag. Alexis Konstantin Zajetz aus Salzburg in diesem Artikel berichtet (vgl. Wimmer 2015).

Gewinnt die Angst Oberhand, drängt sie die schönen, freudvollen und lustigen Seiten des Lebens in den Hintergrund. Angst hindert in solchen Fällen die Betroffenen daran, das Leben voll auszukosten und zu genießen. Sie lähmt und hält zurück. Das Leben verliert seine Würze.

Falls sich Ängste verselbstständigen, werden sie zum Problemfall. Sie halten den Körper grundlos unter Hochspannung und überschütten ihn mit Stresshormonen. Diese tief sitzenden Ängste gehören wie bei David in eine therapeutische Praxis. Angststörungen zählen neben Depressionen zu den häufigsten psychischen Erkrankungen. Psychische Wunden wie auch körperliche heilen besser, je früher sie erkannt werden. Das gelingt nicht immer, wie Ärzte und Therapeuten berichten, und dadurch können Angsterkrankungen über einen längeren Zeitraum hinweg unbemerkt bleiben. Ist jemand beispielsweise sehr schüchtern oder handelt es sich bei ihm um eine Sozialphobie? Treten körperliche Symptome wie Atemnot, Herzrasen, Schweißausbrüche, Schwindel stark in den Vordergrund, vermutet oder diagnostiziert meist niemand eine ihnen zugrunde liegende Angsterkrankung (vgl. Wimmer 2015).

Gewiss ist niemand im Leben davor geschützt, eine unangenehme Situation zu erleben und daraus bewusst oder auch unbewusst den Schluss zu ziehen, jedes Mal diese unguten Angstgefühle zu erleben, wenn sich die gleiche oder ähnliche Situation wiederholt. Die Erfahrung ist als angsteinflößend abgespeichert und das Unbewusste stellt sich schützend vor den Menschen (s. Kap. 4). In der Folge vermeidet man derartige Situationen. Man entwickelt förmlich einen Panzer um derartige Geschehnisse. Was man allerdings nicht sieht: Die Angst nimmt nicht ab, sondern sie entwickelt sich unerkannt weiter. Irgendwann ist die Angst vor der Angst geboren.

Ein Beispiel aus dem Leben:
Magdalena hatte in ihrer Schulzeit viele schlechte Noten in Englisch. Prüfungsängste begleiteten sie in all den Jahren. Sie schwor sich, dass sie niemals mehr mit Englisch etwas zu tun haben wolle. So weit, so gut. Zum Glück war in Magdalenas Studium keine Prüfung in Englisch vorgesehen. Magda-

lena jubelte innerlich. In Bewerbungsgesprächen wurde immer wieder die Frage nach Fremdsprachen gestellt. Die Frage, die sie in Angst versetzte. In der Folge hatte sie Angst vor weiteren Vorstellungsgesprächen. Irgendwie bekam sie eine Stelle als Buchhalterin. Die Erleichterung war anfangs groß. Dennoch war die Angst ihr ständiger Begleiter. Das Unternehmen tätigte unter anderem Auslandsgeschäfte.

Gibt es einen Weg aus der Angst? Ja. Dr. Doris Wolf, Diplom-Psychologin, Psychotherapeutin und Autorin, gibt einen erfreulichen Ausblick. Übertriebene oder einer Situation unangemessene Angst ist erlernt und kann deshalb wieder verlernt werden. Wichtig bei der Behandlung aller Ängste ist, dass man Orte, Personen, Situationen nicht meidet und trotz Angst in die als gefährlich eingeschätzte Situation geht (vgl. Wolf 2021). Mithilfe von Mentaltraining und diversen Entspannungsverfahren gewinnt man die Kontrolle über die eigenen Gefühle zurück. Ängste lassen sich überwinden, egal, wie alt jemand ist, und unabhängig davon, wie lange sie einen Menschen bereits begleiten. Therapeuten raten davon ab, sich ganz allein seiner maximalen Angst zu stellen. Wer Angst vor Spinnen hat, sollte sich nicht um jeden Preis zwingen, sich als Mutprobe mit Spinnen zu umgeben. Vielmehr könnte eine Panikreaktion ausgelöst werden, die die Angst noch weiter verstärkt (vgl. Wolf 2021). *„Beruhige dich doch"*, hört man dann sehr oft. Würde man, wenn man könnte. Der Körper reagiert bei Ängsten wie in einer lebensbedrohlichen Situation.

Richtig ist: Der Weg aus der Angst geht durch die Angst. Und der Weg heraus führt über kleine Schritte. Egal, ob hilfreiche Impulse von Therapeuten, Coaches, Freunden, Familienangehörigen oder von Lebensberatern kommen, um Denk- oder Verhaltensmuster aufzubrechen, um die lähmenden Gedanken umzulenken. In diesem

Lernprozess geht es darum, in Zukunft die Situation anders interpretieren, andere Schlüsse ziehen zu können. Eine erste Möglichkeit, in einer Akutsituation auf den Körper beruhigend Einfluss zu nehmen, ist die Atmung. Drei- bis fünfmal tief durchatmen – der Körper wird mit Sauerstoff versorgt, und das wirkt beruhigend.

Wer Angst hat, muss sich nicht verstecken oder sich für sie schämen. Es besteht kein Grund, sich deswegen minderwertig zu fühlen. Vielmehr sollte man sich die Angst eingestehen und als Teil von sich annehmen. Wer seine Angst annimmt, hat den ersten Schritt zur Veränderung gesetzt. Die Angst ist zwar noch da und man spürt sie auch. Denn bis das Ziel, keine Angst mehr zu haben, erreicht ist, ist Angst die ständige Begleiterin im Leben. Daran führt kein Weg vorbei. Dazu ist zugegebenermaßen eine gehörige Portion Mut nötig. Zwei Fragen kann man sich am Weg zum Ziel immer wieder stellen:

- *Was will ich wirklich?*
- *Was ist das Schlimmste, was mir passieren kann?*

Hat man in der Vergangenheit jene Situationen vermieden, bedeutet das nun, sich diesen zu stellen. Wer Angst hat, vor Menschen zu sprechen, muss sich nun in die Situation begeben und vor Publikum sprechen. Schweißausbrüche, Herzklopfen, Zittern, um nur einige Erscheinungen zu nennen, werden nach wie vor die Begleiter sein. Auch wenn das Verhalten bereits verändert wird, verändert sich die Angst nicht automatisch. Eine gute Vorbereitung ist dabei das A und O. Zwischendurch sollte man sich immer wieder selbst ermutigen. Beispielsweise lösen folgende Worte unmittelbar Ruhe aus, wenn sie ausgesprochen werden: *„In der Ruhe liegt die Kraft."* Wer vor Personen, die ihm wohlgesonnen sind, die Präsentation üben darf, bevor er im Rampenlicht steht, bekommt eine zusätzliche und wertvolle Hilfestellung. Je öfter sich Betroffene vor Publikum stellen, desto weniger werden sie ihre Angst verspüren. Sie lernen, zunächst mit der Angst zu leben und sie später zu überwinden. Sowohl die Angst als auch die körperlichen Symptome treten peu à peu in den Hintergrund. Gleichzeitig wächst die Sicherheit. Betroffene erkennen: Die Angst war unbegründet. Das Leben gewinnt an Freiheit, Spontaneität und Zufriedenheit.

Durch das bewusste Auseinandersetzen mit den Ursachen der Angst verliert sie an Macht. Um diese zu ergründen, hilft das ABC der Gefühle (s. Abschn. 2.4). Irgendwann hat man gelernt, mit Angst auf Situationen zu reagieren. Vielleicht haben Mitschüler zu Schulzeiten gelacht, wenn man ein Referat gehalten hat, oder man wurde von einem Lehrer bloßgestellt und hat es in weiterer Folge vermieden, vor einer Gruppe zu sprechen. Als Erwachsener kann man zunächst überprüfen, ob die Gründe heute noch immer bestehen.

Ebenso können Menschen lernen, Ängste zu ignorieren. Menschen sind demnach in der Lage, Ängste zu unterdrücken, damit sie nicht weiter von ihnen getrieben werden. Andererseits können Ängste bei den Mitmenschen geschürt werden. Das ist ein sehr wirkungsvolles Instrument zur Manipulation und zur Durchsetzung von eigenen Interessen anwendbar (vgl. Hüther 2020).

Auch für David gibt es erfreuliche Perspektiven, wie in dem Artikel zu lesen ist. Für seinen Psychotherapeuten MMag. Alexis Konstantin Zajetz steht außer Frage, dass der junge Mann seine Angsterkrankung überwinden wird (vgl. Wimmer 2015).

3.4 Freude genießen

Wie trist wäre unser Dasein ohne Freude und Lachen? Wie schön ist der Alltag, wenn wir gut gelaunt sind und mit heiterer Gelassenheit dem Leben und den täglichen Herausforderungen begegnen. Wir fühlen uns glücklich, frei und unsere Augen strahlen. Diese guten Gefühle haben eine besondere Wirkkraft. Diese Wirkkraft kann sogar so weit gehen, dass sie das Leben zu ändern vermögen, wie die amerikanische Psychologin Barbara Lee Fredrickson betont. Durch ihre Erkenntnisse, wie einflussreich und wirksam positive Gefühle in Bezug auf das Gesamtwohl des Menschen sind, hat sie die Entwicklung der positiven Psychologie maßgeblich geprägt. Das Herz und der Geist gehen sprichwörtlich auf. Wir sind empfänglicher und werden kreativer. Während negative Gefühle das Bewusstsein, den Blickwinkel im Hinblick auf mögliche Handlungsalternativen einschränken, erreicht das positive Gefühl genau das Gegenteil. Unser Bewusstsein, unser Horizont wird sprichwörtlich erweitert und vergrößert den Denk- und Handlungsspielraum. Das Interesse wird geweckt, man möchte Neues erforschen. Man nimmt sich selbst und die Umgebung in einem anderen Licht wahr (vgl. Fredrickson 2011, S. 35 f.).

Man kann freudige Erfahrungen immer wieder aufleben lassen, indem man sich an sie erinnert. Seien es Urlaubserinnerungen, der Abschlussball oder was auch immer Ihnen große Freude bereitet hat. Was auch immer Ihnen in den Sinn kommt: Nehmen Sie sich Zeit, um sich zurückzuerinnern. Fühlen Sie der Situation nach und beschreiben Sie, wie es Ihnen im Moment geht. Worauf haben Sie momentan Lust? Was hat die Erinnerung in Ihnen ausgelöst (vgl. Fredrickson 2011, S. 37)?

„Ich freue mich!" – wer diese Worte innerlich empfindet oder sie ausspricht, darf sich glücklich schätzen.

3 Von der Verwicklung zur Entwicklung

Menschen, die Freude ausstrahlen, sind anziehend, denn sie strahlen auch Wärme aus. Wer umgibt sich nicht gerne mit ihnen? Man hört ihnen gerne zu und sehr oft springt auch ein Funken Freude auf den anderen über, selbst dann, wenn diesem gerade nicht zum Lachen zumute ist.

Vorfreude ist bekanntlich eine sehr schöne Art von Freude. So lässt die Vorfreude auf einen gemütlichen Abend die Gesichtszüge sich entspannen und stimmt froh. Und doch haben Wissenschaftler herausgefunden, dass ein Erwachsener im Durchschnitt nur 15- bis 20-mal täglich lacht. Viel zu wenig, wie die Forscher berichten, wenn man bedenkt, wie positiv sich herzhaftes Lachen auf Körper, Gedanken und Seele auswirkt. Ein Kind hingegen lacht bis zu 400-mal am Tag. Die gute Nachricht: Kinderlachen steckt an.

Depressive Verstimmungen bis hin zu Depressionen können sich entwickeln, wenn jemand wenig bis gar keine Freude empfindet. Derartige Muster gehören in professionelle Hände.

Und wie alle anderen Gefühle sollte sich dieses Gefühl in Balance befinden. Kann es ein Zuviel an Freude geben? Ja, dabei handelt es sich um eine unkontrollierte, maßlose, überschießende Freude bis hin zu Begierde, Raserei und Ekstase (vgl. Fahrnow und Fahrnow 2005, S. 62 f.).

Dauerlächeln kostet Kraft. Ein Gefühl des Ausgelaugtseins macht sich breit. Wer kennt das nicht nur zu gut – eine Müdigkeit, die einen beschleicht, wenn man ununterbrochen Zeit mit Freunden verbringt, mit ihnen lacht, zuhört, mitfühlt, spricht. Menschen, die in ihrer Arbeit einen anhaltenden und möglichst herzlichen Kontakt zu anderen Menschen pflegen sollten, wissen zu berichten: An einem bestimmten Punkt ist man nicht mehr bereit, sich zu öffnen oder Freude zu verbreiten. Irgendwann erscheint das Lächeln aufgesetzt, gezwungen und unecht. Es ist auch kein Wunder, wenn man innerlich keine Freude mehr empfindet. Irgendwann meldet sich das Bedürfnis, sich zurückziehen, sich sammeln zu wollen, um die eigene Mitte wiederzufinden.

3.5 Die Sorgen von morgen

- *Wie soll ich den Arbeitsberg bis morgen schaffen?*
- *War es richtig, das Haus zu verkaufen?*
- *Sind wir in der Lage, den Kredit zurückzuzahlen?*
- *Wie oft werden wir noch zusammen Weihnachten feiern?*
- *Haben wir fürs Alter genügend vorgesorgt?*
- *Schafft mein Kind das Studium?*
- *Warum ist mir das passiert?*

Wie aus dem Nichts sind sie ab und zu da – die Befürchtungen von morgen. Wer kennt sie nicht, die großen und die kleinen Sorgen des Alltags: Zukunftssorgen, Sorgen um den Job, Geldsorgen, Sorgen um andere Menschen, um nur einige zu nennen. Es ist völlig in Ordnung, sich Fragen wie diese zu stellen und über mögliche Antworten nachzudenken.

Wenn Sorgen einen realistischen Kern haben, kann man Sorgen in Sorgfalt verwandeln. Sich gedanklich mit zukünftigen Herausforderungen zu beschäftigen, hilft, sich auf sie vorzubereiten. Wer zusätzlich nach möglichen Lösungen sucht, handelt zudem sehr verantwortungsbewusst (vgl. Wlodarek 2023).

Bedenklich wird es, wenn übertriebene Sorgen und trübe Gedanken lebensbestimmend werden. Zunächst fängt das Grübeln klein an und wird allmählich größer. Und grübelnd verstrickt man sich darin. Die Gedanken nehmen ihren Lauf und kreisen immer um das gleiche Thema, wachsen einem scheinbar über den Kopf, ohne dass eine Lösung in Sicht ist. Es wird zunehmend schwieriger, sorgenvolle Gedanken abzugeben. Der Kopf kommt nicht mehr zur Ruhe, man spinnt in ihm ein Knäuel und weiß schließlich nicht mehr, wo Anfang und wo Ende ist. Eine Gedankenspirale, aus der Betroffene schwer allein wieder herausfinden. Schlaflose Nächte, Konzentrationsschwierigkeiten und Kopfschmerzen sind häufige Begleiterscheinungen. Sich endlos Sorgen zu machen und permanent zu grübeln, raubt Kraft und bringt niemanden voran. Betroffene fühlen sich schwach, energielos und werden zunehmend depressiv. Auch bei Menschen, die sich um nichts und niemanden sorgen, die als gefühllos und kalt wahrgenommen werden, stockt die Lebensenergie.

Zu erkennen, wofür ich zuständig bin, und loszulassen, was mich nicht betrifft, das ist die Weisheit eines entspannten Geistes.

Die Gedankenwelt soll eine Ordnung finden. Wissenschaftliche Studien belegen, dass es sich lohnt, zu lernen, mit seinen Sorgen konstruktiv umzugehen, und damit sinnloses Grübeln abzustellen. Sollten Sie sich beim endlosen Grübeln wieder einmal ertappen, was nächsten Monat oder nächstes Jahr auf Sie zukommen könnte, wenn Sie sich wieder einmal um andere sorgen, dürfen Sie sich stoppen und hinterfragen: Was steht heute an? Das Niederschreiben, das Aussprechen, das Notieren von Sorgen hilft, sich ihrer bewusst zu werden. Vielfach erkennen Sie, dass die meisten Ihrer Gedanken um Dinge kreisen, die Sie nicht beeinflussen können.

Die Worte des Straßenkehrers Beppo aus Michael Endes Buch *Momo* sind ebenso sehr hilfreich im Umgang mit den Sorgen von morgen. Man darf nie an die ganze, lange Straße denken, die vor einem liegt. Das verleitet dazu, dass man sich eilt und sie immer schneller fegt. Am Ende ist man außer Puste und kann nicht mehr. Man sollte nur den nächsten Schritt im Auge behalten und dann wieder den nächsten. Also Besenstrich für Besenstrich. Irgendwann ist die Straße gefegt. Dementsprechend können wir auch einen Berg von Sorgen in kleinen Schritten bewältigen. Ein Schritt, ein Atemzug – ein Besenstrich (vgl. Ende 2013, S. 39 f.).

3.6 Zeit zum Trauern

Den Jahreswechsel nehmen viele Menschen zum Anlass, Belastendes oder Ausgedientes loszulassen. Doch wie schnell sind Neujahrsvorsätze vergessen? Die meisten tun sich beim Loslassen schwer, obwohl uns fast täglich kleinere oder größere Verluste begegnen, die zu betrauern sind: Das Lieblingskleid ist beim Waschen eingelaufen, den erhofften Job erhält eine andere Kandidatin, ein Freund trennt sich, der ersehnte Urlaub entpuppt sich als Katastrophe, der Tod eines Partners, um nur einige zu nennen. Von Geburt an sind das Loslassen und das Trauern zentrale Themen in unserem Leben. Ständig müssen wir Abschied nehmen. Abschiede konfrontieren uns mit der Vergänglichkeit. Was beispielsweise gestern wichtig und richtig war, ist heute oder in der Zukunft vielleicht nicht mehr von großer Bedeutung beziehungsweise nichtig. Nichts bleibt gleich. Alles unterliegt einem Wandel. Die Natur, Unternehmen, Ziele, Freundschaften, keine Blume blüht heuer gleich wie letztes Jahr. Selbst Menschen verändern sich.

Das Gefühl der Trauer ist essenziell, um Abschied zu nehmen und loszulassen. Trauer gehört wie Angst und Wut zu jenen Gefühlen, die meist unerwünscht sind. Schon früh machen einige Kinder die Erfahrung: Zu weinen und traurig zu sein, gilt als Schwäche. Besonders Jungen wird dieses Seelentraining oftmals zugemutet. Dabei gehört die Fähigkeit des Loslassens zu den wichtigsten

3 Von der Verwicklung zur Entwicklung

Lektionen des Lebens: Je besser das Lösen gelingt, desto gelassener und freier fühlt man sich. Studien belegen, wie wichtig es ist, Lebewohl zu sagen, um mit etwas abzuschließen. Wovon auch immer wir uns verabschieden müssen oder wollen. Egal, ob es sich um kleinere oder größere Loslösungsprozesse handelt: Das Lösen von alten Gewohnheiten, von destruktiven Gedanken, das Abschiednehmen von ewiger Jugend, einem Job, von Lieblingskleidungsstücken, von einem geliebten Menschen, vom Kritisieren, all das will gelernt werden.

Abschied zu nehmen bedeutet, etwas zurückzulassen. Dieser Prozess wird meist von unangenehmen Gefühlen und Gedanken begleitet. Durchaus können das schmerzhafte und/oder einschneidende Erfahrungen sein. Nicht selten vermischen sich mit der Trauer Angst, Energielosigkeit, Hoffnungslosigkeit, Sorgen, Verzweiflung, Wut. Immer wieder kommen Selbstvorwürfe hinzu: „Wie konnte ich nur, warum habe ich nicht?" All das ist schwer auszuhalten. Der Austropopper Reinhard Fendrich spricht vielen Trauernden aus der Seele mit seinem Song „Es tuat so weh, wenn ma verliert".

Jeder Mensch lässt anders los. So vielschichtig, wie wir Menschen sind, so unterschiedlich sind Loslösungsprozesse. Was für den einen leicht ist, ist für den anderen schwer – und umgekehrt. Experten raten: Welche Gefühle oder Gedanken auch immer auftauchen, man sollte sich ihnen stellen und sie keinesfalls verdrängen, denn irgendwann holen sie einen ein. Trauer muss den ihr zustehenden Platz bekommen. Und Weinen als Teil der Trauer wird durchaus als befreiend empfunden. Trauer hilft, Situationen anzunehmen, selbst wenn sie unbefriedigend sind. Der Loslösungsprozess dient dazu, den Verlust zu bewältigen, zu verarbeiten, zu überwinden und ihn in das Leben zu integrieren. Trauerarbeit geht mit einem aktiven und innerseelischen Prozess einher. Den Begriff der

Trauerarbeit hat der Arzt, Tiefenpsychologe und Begründer der Psychoanalyse Sigmund Freud 1915 (vgl. Freud 2012) in seinem Werk *Trauer und Melancholie* eingeführt. Der Trauerprozess läuft in verschiedenen, wellenförmigen Phasen ab. Diese ähneln sich bei fast allen Menschen. Immer wieder können überwältigende Gefühle aufbrechen. Was Betroffene am meisten benötigen, sind Zeit und Verständnis, die ihnen vom Umfeld zugestanden werden, die sie sich aber auch selbst einräumen.

Stilles Mitgefühl unterstützt vielfach mehr, als Worte es könnten. Mit leeren Phrasen wie *„Die Zeit heilt alle Wunden!"*, *„Das Leben geht weiter!"* oder *„Alles, was dich nicht umbringt, macht dich stärker!"* ist Trauernden à la longue nicht gedient. Ziel ist es natürlich, trotz der Krise wieder Hoffnung, neuen Lebensmut zu spüren und die neue Lebenssituation schrittweise zu akzeptieren. Es wird ein anderes Leben sein, ob es besser ist, traue ich mich nicht zu behaupten, im besten Fall erhält es neue und ebenso schöne Dimensionen. Werden Trauer und Schmerz bewusst durchlebt, so schmerzhaft der Prozess des Lösens sein kann, besteht immer eine Chance des Neubeginns (vgl. Sammer 2010).

Das Neue kann auch einen Zauber in sich bergen. Nach und nach stellen sich Gefühle von innerer Freiheit und Erleichterung ein. Nach der Zeit der Stille und des In-sich-Kehrens verlangt das Lebendige, die Freude am Leben wieder sein beziehungsweise ihr Recht.

Ein Beispiel aus dem Leben:
Rosina erzählt: „Noch vor einem halben Jahr hätte ich es nie für möglich gehalten, dass ich nach dem Tod meines Mannes unseren Biobauernhof ohne ihn bewirtschaften kann. Ich war am Boden zerstört und fühlte mich mit meinen zwei Kindern allein gelassen. Die Hilfsbereitschaft der Nachbarschaft war groß. Dafür bin ich sehr dankbar. Die Bank hat den Kredit

auch verlängert. Ich hätte nie gedacht, dass meine Lebensfreude wieder zurückkehrt." Während Rosina über ihre Erfahrungen in der Trauergruppe berichtet, leuchten ihre Augen.

Obwohl vielen Menschen die positiven Aussichten durchaus bewusst sind, macht ihnen das Loslösen Angst. In der Phase des Übergangs ist Etliches ungewiss. Das Alte ist noch immer präsent, das Neue noch fern. Angst ist in solchen Situationen ein schlechter Ratgeber. Ein zwanghaftes Festhalten verschlimmert die Situation. Je mehr festgehalten wird, desto unfreier fühlt man sich. Nicht selten entwickeln sich Abhängigkeiten. Wer noch dazu den Mut verliert und zögert, sich wieder zu öffnen, kann im Kummer verharren. Das Leben wird dann als trist und freudlos erlebt.

Der Neuropsychologe und Autor Dr. Paul Pearsall stellte in seinen Forschungen inmitten des Wohlstandes eine unbestimmte Traurigkeit bei Menschen fest. Dr. Pearsall ist unter anderem für seine Forschungsergebnisse zur positiven Psychologie bekannt. Viele Menschen kennen nur zwei Zustände: Sie sind entweder müde und gelangweilt oder gestresst und kaputt. Obwohl es vielen Menschen wirtschaftlich gut geht, erleben sie den Alltag nicht fröhlich, sie fühlen sich vielmehr müde und ausgelaugt. Sie empfinden ihren Alltag als enorme Belastung und spulen ihn freudlos ab. Die Traurigkeit hat meist nichts mit Existenzsorgen zu tun, sondern geht mit einem tiefgreifenden Verlust an Lebensfreude einher. Das Leben wird zunehmend als mühsam erlebt, die Leichtigkeit des Seins geht sukzessive verloren. Der Alltag färbt sich grau. Manchmal sind nur Banalitäten dafür verantwortlich, die das Fass zum Überlaufen bringen: das zu lange Warten an der Kasse im Supermarkt; der Fußgänger, der noch schnell bei Rot den Zebrastreifen überquert; der Partner, der das Essen kritisiert; die Sekretärin, die einen Tippfehler übersehen hat; das Kind, das schon wieder eine schlechte Note hat. Mit der Zeit machen sich eine zynische Einstellung, chronische Müdigkeit, Konkurrenzdenken, Neid, Stress, Zeitdruck, zwanghafter Konsumrausch breit und lassen noch weniger positive Momente zu (vgl. Pearsall 2006).

Das Verharren im Kummer beziehungsweise eine lang anhaltende Trauer hat negative Folgen auf Körper, Geist und Seele. Hier reicht es meist nicht mehr, loslassen zu wollen. Eine professionelle Unterstützung in Form einer Therapie ist notwendig, um wieder zu neuen Kräften zu kommen. Menschen hingegen, die keine Trauer empfinden, werden als unempathisch, gleichgültig und oberflächlich wahrgenommen.

Loslassen kann man auch üben: Kleidungsstücke ausmustern, Keller entrümpeln, Schubladen aussortieren, um nur einiges zu nennen. Entspannungsübungen wie autogenes Training, Yoga, Tai-Chi, Atemübungen oder Sport können unterstützend in den Alltag eingebaut werden.

3.7 Ruhig Blut!

Hektik in der Familie, Druck im Job und eine lange To-do-Liste gehören für viele zum Leben. Manche Tage bringen Situationen mit sich, in denen sich scheinbar alles gegen uns verschworen hat. Der Alltag kann Herausforderungen mit sich bringen, die einen beinahe an die Belastungsgrenze bringen. Hier heißt es, Ruhe zu bewahren, damit einen die einzelnen Belastungsfaktoren nicht aus der Bahn werfen.

Wut ist die Schwester von Ärger, wenn auch in größerem und kräftigerem Ausmaß. Adrenalin, Noradrenalin und Cortisol überfluten den Körper und mobilisieren ungeahnte Kräfte. Der Verstand scheint ausgeschaltet zu sein und klare Gedanken lassen sich kaum fassen. Die Muskeln spannen sich an, der Blutdruck steigt, der Körper wird in Aktionsbereitschaft versetzt. Wutgefühle sind nicht immer zum Umarmen gedacht, oftmals zum Ärgernis der Mitmenschen. Denn sie können Reibung, Konflikte und destruktives Verhalten verursachen und mangelnde Wertschätzung oder Respektlosigkeit nach sich ziehen. Gleichzeitig sind für den Betroffenen selbst die frei gewordenen inneren Energien nicht immer leicht zu managen.

Man wird im Leben des Öfteren mit Wut konfrontiert sein: mit der eigenen oder mit jener der anderen. Wut ist ein natürliches Gefühl und Teil unseres Lebens. Niemand ist permanent freundlich, fröhlich, nett, streichelweich und jedem wohlgesonnen. Das kennt jeder: Manchmal sind wir rasend vor Wut. Außerdem passiert es, dass man in seinen Mitmenschen Wut auslöst. In unserer Gesellschaft ist Wut allerdings kein gern gesehenes Gefühl, sie wird oftmals sogar verpönt. Sie wird als unpassend oder undiszipliniert wahrgenommen. Wie oft werden Kleinkinder dafür gerügt oder bestraft, wenn sie aus Wut auf den Boden stampfen, schreien, weinen oder um sich schlagen. Dann heißt es: *"Geh sofort auf dein Zimmer! Ich will dich nicht mehr sehen! Mama hat dich nicht mehr lieb, wenn du so unartig bist! Schäm dich!"* So lernen Kinder Wut als unerwünschtes Gefühl kennen und unterdrücken sie. Das wirkt sich hinderlich auf die Entwicklung und seelische Gesundheit des Kindes aus. Wer im Kindesalter nicht lernt, mit diesem durchaus feurigen Gefühl umzugehen, tut sich als Erwachsener voraussichtlich ebenfalls damit schwer.

Unterschiedlichste bewertende Gedanken lösen Wut aus: sich unfair behandelt fühlen, sich gekränkt fühlen, sich bedroht fühlen, sich hilflos in eine Ecke gedrängt fühlen, von einem Ziel abgehalten werden, das man sich vorgenommen hat, oder wenn Grenzen verletzt wurden.

Wut ist an der Stimme erkennbar und lässt sich kaum verleugnen. Man kann sie nicht mit einem Dauerlächeln überspielen. Wer seine Wut um der Harmonie willen hinunterschluckt, tut sich und seiner Umwelt nichts Gutes. Als Fachärztin für Psychiatrie und Neurologie und Chefärztin der forensischen Psychiatrie weiß Heidi Kastner nur zu gut, wohin Wut führen kann, wenn sie nicht ins Alltagsleben integriert ist. In ihrem Werk *Wut: Plädoyer für ein verpöntes Gefühl* geht sie der Wut auf den Grund. Eine unterdrückte Wut lodert im Inneren weiter und sie sucht sich andere Ventile: psychosomatische Erkrankungen, chronische Gekränktheit, Zynismus. Wer hingegen seiner Wut freien Lauf lässt, macht sich zwar innerlich Luft, jedoch ist das keineswegs eine geeignete Strategie, um Wut oder seine Grenzen beziehungsweise Bedürfnisse kundzutun (vgl. Kastner 2014).

Der bittere Nebeneffekt: In wütenden Szenen fallen durchaus sehr heftige Worte. Worte, die beleidigen, entwerten und verletzen. Worte, die sehr tief gehen. Worte, die beim Empfänger als Seeding (s. Abschn. 5.3) wirken können. Fakt ist: Auch wenn den meisten wütenden Menschen im Nachhinein bewusst wird, welchen Schaden sie angerichtet haben, lassen sich die ausgesprochenen Worte nicht ungeschehen machen. Auch eine nachdrückliche Entschuldigung genügt dann nicht mehr. Manche Menschen meinen sogar, es sei in Ordnung, ihrer Wut Ausdruck zu verleihen, um sich dadurch Respekt zu verschaffen. Das Gegenteil ist der Fall: Entweder reagiert das Gegenüber eingeschüchtert und ängstlich oder der wütende Redner wird einfach ignoriert. Manchmal gießt das Gegenüber absichtlich Benzin ins Feuer, um die Wut noch mehr zu schüren. Im selben Augenblick wünschen die Wütenden sich von ihren Mitmenschen Verständnis und rechtfertigen sich mit den Worten: *„Ich bin halt so, ich bin ein emotionaler Mensch."*

Wut steckt an. Wie oft kommt es vor, dass man gut gelaunt auf einen wütenden Menschen trifft, selbst Feuer fängt und in einer hitzigen Debatte endet. Wut treibt das Blut nach oben und der Organismus wird großem Druck ausgesetzt. Wut kann sich ebenso in körperlichen Beschwerden äußern. Beispielsweise leidet der Magen, wenn man sich über einen längeren Zeitraum hinweg ärgert. Ist Wut nicht mehr kontrollierbar, ist professionelle Hilfe sinnvoll. Wut, die außer Kontrolle gerät, mündet vielfach in Aggression und Gewalt.

Wer kennt derartige Situationen nicht: Gerade in den unpassendsten Momenten und wie aus scheinbar heiterem Himmel überfällt einen die Wut, als hätte sich ein Lichtschalter im Inneren angeknipst. Man fühlt den Druck in sich aufsteigen, am liebsten würde man davonlaufen. Man wünscht sich nichts sehnlicher, als dass sich die Wut abkühlt. In den wenigsten Fällen ist jemand zur Stelle, der kühlend auf das wütende Gemüt einwirkt, damit der innere Druck nachlässt. Wie gerne würde man sich in derartigen Momenten verkriechen. Das ist zu verständlich, oft jedoch nicht möglich. Daher brauchen wir geeignetere Strategien. Strategien, die uns ermöglichen, unsere Wut zu kanalisieren, um wieder handlungsfähig zu sein. Wie gerne würde man in vermeintlich ärgerlichen Situationen innere Gelassenheit bewahren. Doch eine Regulierung dieses stürmischen Gefühls ist keinesfalls einfach. Denn die Flut an Hormonen lässt es nicht zu, klare Gedanken zu fassen und souverän zu reagieren.

Was tun? Ein gesunder Umgang mit diesem hitzigen Gefühl will erlernt werden. Das bedeutet, zu lernen, sich selbst abzukühlen. Zu lernen, im Meer der Wut zu schwimmen und nicht in ihr unterzugehen. Zu lernen, nicht in ein wütendes, ein altes Reaktions- respektive Rollenmuster zu fallen, vielmehr aus seinen Erfahrungen Schlüsse zu ziehen. Dann ist man der Wut nicht weiter hilflos ausgeliefert oder wird von ihr beherrscht. Ich meine damit nicht, sich die Sache schönzureden oder die Wut zu ignorieren, sondern achtsam mit ihr umzugehen. Achtsam im Umgang mit sich selbst und mit den Mitmenschen. Es geht auch nicht darum, Verletzungen beziehungsweise Fehlverhalten zu tolerieren und sie unter den Teppich zu kehren, sondern das Problem mit einer inneren Gelassenheit anzusprechen, ohne das Gegenüber verbal abzuwerten.

3.8 Schritte zu mehr Gelassenheit

- *Mehrmals tief durchatmen oder bis 10 zählen*
- *Problem beim Gegenüber belassen*
- *Wut zu einem geeigneten Zeitpunkt hinterfragen*
- *Problem beziehungsweise Fehlverhalten ansprechen*

Ein Beispiel aus dem Leben:
Ritas Ehemann Paul kommt am 10. Hochzeitstag zu spät nach Hause. Rita spürt, wie die Wut in ihr aufsteigt und von Minute zu Minute zunimmt. Ein kurzes Innehalten und ein mehrmaliges tiefes Durchatmen helfen ihr als erste Sofortmaßnahmen. Das Gehirn erhält Sauerstoff und durch dieses kurze Innehalten kann sie innerlich einen Schritt zurücktreten und ist nicht hilflos ihren Wutgefühlen ausgeliefert. Möglicherweise kommen andere Gefühle wie Angst, Sorge oder Trauer hinzu. Gefühle dürfen sein, doch sollte Rita ihren Gefühlen nicht freien Lauf lassen. Ansonsten könnten ihre Gedanken mit wütender Stimme geäußert werden, sobald ihr Ehemann nach Hause kommt: „Schatz, schaffst du es nicht einmal an unserm Hochzeitstag, pünktlich zu sein? Liebst du mich überhaupt noch? Du bist respektlos!" Mit solchen verbalen Äußerungen wäre der Abend gelaufen. Sie weiß auch, dass es nicht ratsam ist, ihre beste Freundin anzurufen, um mit ihr über Paul zu schimpfen. Lieber atmet Rita mehrmals tief durch und sagt

sich: „Immer schön cool bleiben." Und sie macht sich erneut bewusst: „Jetzt ist nicht der richtige Zeitpunkt, um zu reagieren. Jetzt bin ich wichtig und später der gemeinsame Abend." Mit Distanz verliert das Gefühl an Schärfe. Das Problem (Unpünktlichkeit) lässt sie bei Paul. Möglicherweise gibt es einen wichtigen Grund, den sie nicht kennt, warum sich Paul verspätet: Vielleicht war es ein wichtiges Telefonat, er wurde aufgehalten oder hatte etwas sonstiges Unaufschiebbares zu erledigen.

Zu einem geeigneten späteren Zeitpunkt denkt Rita über ihre hochkommende Wut nach: „Was hat diese Situation mit mir gemacht?", „Warum habe ich so reagiert?", „Welche Grenzen wurden verletzt?" Vor allem dann, wenn sich die Wut zwar kurzfristig verflüchtigt, jedoch Tage später noch immer hochkommt, sobald Rita an die Situation denkt, hat dies mehr mit ihr selbst zu tun, als ihr vielleicht lieb ist. Paul hat einen richtigen Knopf gedrückt. „Etwas" wurde im Unbewussten in Gang gesetzt, ein Stein wurde ins Rollen gebracht.

Eine Analyse der Situation ermöglicht Rita, Antworten zu finden. Beispielsweise könnte sie sich folgende Fragen stellen:

- *Hat meine Wut mit meinen eigenen Wertvorstellungen, eigenen Grundsätzen zu tun? Beispielsweise: Niemand darf zu spät kommen und Unpünktlichkeit empfinde ich als respektlos. Ich erwarte sofortige Meldung, wenn Termine nicht eingehalten werden.*
- *Hat meine Wut mit meiner eigenen Vergangenheit zu tun? Meldet sich das „innere Kind"? Forderten Mutter, Vater, andere Personen immer Pünktlichkeit ein und gab es Strafen bei Verspätungen? Hatte ich Angst, wenn sich meine Eltern verspäteten und mich allein gelassen haben? Gab es traumatische Erlebnisse in der Kindheit?*
- *Hat meine Wut mit der Situation beziehungsweise mit Paul zu tun? Bin ich selbst nach Hause gehetzt, um pünktlich zu sein? Gibt es andere belastende Probleme?*

- *Wurde mir der Spiegel vorgehalten? Bin ich selbst unpünktlich und gebe nicht Bescheid, wenn ich mich verspäte?*

Rita kann die Situation sowohl allein als auch gemeinsam mit einer Person ihres Vertrauens analysieren. Ergänzend bringt das Niederschreiben der Gedanken (s. Abschn. 5.7) wertvolle Erkenntnisse. In der ABC-Analyse (s. Abschn. 2.4) findet Rita weitere Anhaltspunkte. Manchmal braucht es auch Geduld, bis Ursachen gefunden werden. In der Analyse findet Rita Impulse, die sie zur persönlichen Weiterentwicklung nutzen kann. Natürlich kann Rita in Zukunft ab und zu ärgerlich reagieren, sobald sich jemand verspätet, denn es dauert seine Zeit, bis sich beispielsweise neue Sichtweisen verankern oder Wunden heilen, wenn das innere Kind verletzt wurde.

Verspätete sich Paul in der Vergangenheit des Öfteren, ohne Bescheid zu geben, kann das für Unmut in der Ehe sorgen. Für ein wertschätzendes Miteinander ist es ratsam, über das Thema „Pünktlichkeit" in ruhiger Art und Weise zu sprechen, um Pauls Sichtweise zu erfahren.

Literatur

Ende M.: Momo oder die seltsame Geschichte von den Zeit-Dieben und von dem Kind, das den Menschen die gestohlene Zeit zurückbrachte. Thienemann, Stuttgart (2013)

Fahrnow I.-M., Fahrnow J.: Fünf Elemente Ernährung. Gräfe und Unzer, München (2005)

Fredrickson B.L.: Die Macht der guten Gefühle. Wie eine positive Haltung ihr Leben dauerhaft verändert. Aus dem Englischen übersetzt von Nicole Hölsken. Campus, Frankfurt (2011)

Freud S.: Trauer und Melancholie. Henricus-Edition Klassik, Berlin (2012)

Hüther G: Wege aus der Angst. Über die Kunst, die Unvorhersehbarkeit des Lebens anzunehmen. Vandenhoeck & Ruprecht, Göttingen (2020)

Kastner H.: Wut. Plädoyer für ein verpöntes Gefühl. Kremayr & Scheriau, Wien (2014)

Lazarus R.S., Folkman S.: Stress, Appraisal, and Coping. Springer, New York (1984)

Pearsall P.: Denken Sie negativ, unterdrücken Sie Ihren Ärger und geben Sie anderen die Schuld. Warum Sie auf Lebenshilfe-Ratgeber verzichten können. Mvg, Heidelberg (2006)

Sammer U.: Verlust, Trauer und neue Freude. Wie Abschiednehmen gelingt. Klett-Cotta, Stuttgart (2010)

Wimmer A.: Krank vor Angst. In MEDIZIN populär – das Gesundheitsmagazin aus dem Verlagshaus der Ärzte. Ausgabe 11/2015. https://www.medizinpopulaer.at/2015/psyche-beziehung/krank-vor-angst/. Zugegriffen: 5.11.2023, 17:00 Uhr MEZ. Verlagshaus der Ärzte GmbH, Wien

Wlodarek E.: Souverän ich selbst. So gewinnen Frauen Sicherheit und Stärke. Deutscher Taschenbuch Verlag, München (2023)

Wolf D.: Ängste verstehen und überwinden. Wie Sie sich von Angst, Panik und Phobien befreien. 33. Aufl. PAL, Mannheim (2021)

4

Die Macht des Unbewussten

4.1 Ein Blick ins Kapitel

Die Macht des Unbewussten ist Schwerpunkt in diesem Kapitel. Entwicklung ist ein Prozess des Bewusstmachens. Das Unbewusste ist ein Wunder der Natur. Und ein immenser Schatz an Erfahrungen, Erlebnissen, Erinnerungen und Wissen, der in Schubladen geordnet und abgespeichert ist. Die Schubladen lassen sich öffnen. Man erinnert sich nicht nur an Erlebnisse, sondern auch an Gefühle und Gerüche wie beispielsweise an den Duft der berühmten Vanillekipferl, die in der Kindheit von der Oma gebacken wurden. Das weniger Gute daran: Das Unbewusste speichert ab, ohne zu hinterfragen. Alles ist brauchbar, nützlich, richtig und wahr. Bedauerlicherweise entspricht dies nicht der Realität. Verletzende Worte, belastende

---

15 mm Bewusstsein trifft auf 11 km Unbewusstes.

Erlebnisse: Wer würde diese nicht gerne vergessen? Die Tür des Unbewussten lässt sich öffnen. Unbewusstes, Belastendes kann an die Oberfläche, ins Bewusstsein kommen und peu à peu heilen. Vera F. Birkenbihl vergleicht das Unbewusste mit einem Ozean und das Bewusste mit einer Nussschale. Doch kein Grund zur Sorge, wenn unser Bewusstsein einem Vergleich nicht standhält. Wir können lernen, diesen Schatz respektive dieses innere Potenzial zu nutzen, um die Lebensqualität zu steigern. Das innere Potenzial wird sehr gerne als Bauchgefühl bezeichnet beziehungsweise wahrgenommen. Wie wissenschaftliche Untersuchungen zeigen, erweisen sich Entscheidungen, die aus der Kombination von bewussten und unbewussten Prozessen heraus getroffen werden, als die besten. Und zwar in dieser Reihenfolge: bewusste Prozesse vor unbewussten.

4.2 Bewusstsein und Unbewusstes

Entwicklung ist ein Prozess, und zwar ein Prozess des Bewusstseins und des Bewusstwerdens. Bewusstsein setzt sich aus den Wörtern „bewusst" und „sein" zusammen. „Das bin ich" bedeutet, man ist sich seines Daseins, seines Lebens, seiner Kompetenzen, Fähigkeiten, Ecken und Kanten, Gedanken, Gefühle beziehungsweise seiner Grenzen bewusst. Dadurch unterscheiden wir Menschen uns von den Tieren. Vereinfacht ausgedrückt: Es ist das Wissen darüber, wer ich bin, wie ich charakterlich gebaut bin, was mir Freude bereitet und was nicht, was mir leichtfällt und was nicht, was mir guttut und was mich verletzt, was ich als Herausforderung sehe und an welchen Stellen ich „Stopp" sagen muss, um nicht in eine Überforderung zu kommen. Kurzum: Ich bin mir bewusst, wer ich bin und was mich ausmacht. Bedürfnisse, Erinnerungen,

Gedanken, Gefühle, Sinneswahrnehmungen, Wünsche, Ziele, all diese Komponenten umfassen das menschliche Bewusstsein. Zumindest, wenn sich der Mensch in guter geistiger Gesundheit befindet, keine Bewusstseinstrübungen bestehen und die Sinnesorgane gut funktionieren. Jeder Mensch besitzt dennoch einen unterschiedlichen Grad an Bewusstsein hinsichtlich seiner Person und seiner Umwelt.

Kommt Ihnen das bekannt vor? Am Ende einer langen Autofahrt fragen Sie sich manchmal: Woran kann ich mich erinnern? Vieles haben Sie vergessen. Sie können sich kaum an andere Verkehrsteilnehmer oder an die Landschaft erinnern. Erinnern können Sie sich nämlich nur daran, was Sie auch bewusst wahrgenommen haben. Alles, was Sie als bedeutend betrachten und was Ihre Aufmerksamkeit erreicht, gelangt ins Bewusstsein. Sie merken es sich länger. Das Autofahren läuft zum Großteil unbewusst ab. Und das ist auch gut so. Autofahren ist Ihnen in Fleisch und Blut übergegangen. Sie fahren, ohne darüber nachzudenken, wie eine Schaltung funktioniert oder wann Sie schalten müssen. Sie schalten automatisch. Damit das Autofahren unbewusst funktioniert, haben Sie es in der Fahrschule und anhand vieler Übungsfahrten gelernt.

Während eine Werbesendung ausgestrahlt wird, nimmt das Unbewusste den Inhalt auf, selbst wenn wir gar nicht bewusst zuhören beziehungsweise hinsehen oder wir mit anderen Dingen beschäftigt sind. Dieses Phänomen nutzen manche Werbeproduzenten für sich. Sie zielen darauf ab, dass wir die Eindrücke unbewusst aufnehmen und zum Kauf animiert werden, ohne uns näher und eingehender mit den beworbenen Produkten zu befassen.

Das Unbewusste ist ein Datengigant. Bildlich sehr gut vorstellbar ist der von Vera F. Birkenbihl vorgenommene

Vergleich zwischen dem Bewusstsein und dem Unbewussten: 15 mm Bewusstsein trifft auf 11 km Unbewusstes. Das wäre eine Nussschale auf dem Ozean. Die Vorstellung, dass unser Bewusstsein nur 15 mm beträgt, mag auf den ersten Blick besorgniserregend sein. Doch sollte uns der Vergleich nicht Sorge bereiten, denn er zeigt vielmehr, was noch alles in uns steckt: ein immenser Schatz an Wissen, Erfahrungen, Erinnerungen, Erlebnissen von 11 km Länge (vgl. Birkenbihl 2001, S. 76).

Alles fein säuberlich in Schubladen in diesem riesigen Unbewussten abgespeichert. Die Schubladen lassen sich öffnen: Denken Sie an Ihren ersten Schultag, Ihren ersten Kuss, Ihre Erfahrungen beim Diktat. Nicht nur Bilder kommen wieder ins Bewusstsein, sondern auch Empfindungen, Gerüche, Worte. Je länger man sich mit einem Thema beschäftigt, desto mehr Erinnerungen werden wach und gelangen wieder ins Bewusstsein. Fragen wie diese tauchen plötzlich wieder auf: Wie hießen die Klassenkameraden? Wie sah die Lehrerin aus? Wo habe ich gesessen?

Das weniger Gute daran: Das Unbewusste speichert, ohne im Vorfeld zu hinterfragen oder zu prüfen, ob das Gespeicherte richtig oder unrichtig, wichtig oder unwichtig, nützlich oder nutzlos ist. Für das Unbewusste ist alles brauchbar, nützlich, richtig und wahr (vgl. Wieser 2020, S. 118). Bedauerlicherweise entspricht das nicht der Realität: Nicht jeder Gedanke ist brauchbar, nützlich richtig und wahr. Destruktive Worte (s. Abschn. 5.3), Momente des Schocks, belastende Erlebnisse, Krisen setzen sich im Unbewussten fest und sind in ihm abgespeichert. Vor allem an die ersten Lebensjahre haben wir so gut wie keine Erinnerung. Und doch haben wir damals (fast) alles wie ein Schwamm aufgesaugt (s. Abschn. 1.6).

4.3 Die Überlegenheit des Unbewussten über das Bewusste

Nahm man früher an, Bewusstsein und Unbewusstes seien zwei voneinander getrennte Bereiche, zeigt die kognitive Wissenschaft heutzutage anhand von neuen zur Verfügung stehenden Methoden, dass diese Annahme nicht korrekt war. Das Unbewusste ist kein zweiter Geist, der nach seinen eigenen Regeln existiert, keine Blackbox oder das große Unbekannte. Dr. John Bargh, Professor für Psychologie an der Universität in Yale, untersuchte in seiner 40-jährigen Laufbahn ausführlich unbewusste Prozesse: Wie Untersuchungen des Gehirns zeigen, sind bei unbewussten Abläufen dieselben Areale des Gehirns aktiv wie bei bewussten. Es gibt somit nur einen Geist. Die Untersuchungen zeigen zusätzlich, wie das Unbewusste komplexe Probleme löst, auch wenn das bewusste Denken durch etwas anderes abgelenkt wird. Und nicht nur das. Die Resultate der unbewussten Entscheidungsprozesse waren in den meisten Fällen den bewusst gefällten Entscheidungen überlegen (vgl. Bargh 2018, S. 26).

Die unterschiedlichen Stärken und Schwächen von bewussten und unbewussten Entscheidungsfindungen wurden in einer wegweisenden Studie der holländischen Forscher Ap Dijksterhuis, Loran Nordgren und ihrer Kollegen deutlich: Einerseits sollten Probanden über einen Autokauf, andererseits über die Anmietung einer Wohnung entscheiden. Dazu erhielten sie am Beginn der Studie alle Informationen, die für die Entscheidungsfindung nötig waren. Vier Kriterien spielten beim Autokauf eine Rolle: der Kaufpreis, die technische Zuverlässigkeit, die Ausstattung und der Verbrauch. Beispielsweise benötigte das eine Modell kaum eine Wartung, dafür waren der Kaufpreis und der Verbrauch höher. Ein anderer Wagen wiederum hatte die besten Verbrauchswerte, einen höheren Kaufpreis und eine Topausstattung, um nur einige zu nennen. Tatsächlich waren die vier Alternativen bewusst so konstruiert, dass es nur eine objektiv richtige Antwort gab, welches Auto am besten ist, wenn man alle vier Komponenten berücksichtigt. Für die Anmietung einer Wohnung galt dasselbe. Die eine Wohnung hatte beispielsweise nicht die beste Lage, dafür die niedrigste Miete, die andere war größer, hatte jedoch keine einladende Aussicht.

Nachdem die Probanden alle Informationen über die Autos beziehungsweise die Wohnungsanmietung gelesen hatten, wurden sie in zwei Gruppen eingeteilt. Die eine Gruppe wurde dazu aufgefordert, bewusst darüber nachzudenken, welches das beste Auto und welche Wohnung die beste sei. Die andere Gruppe wurde davon abgehalten, bewusst über die Fragen nachzudenken. Sie bekamen schwierige Denkaufgaben zu lösen, die ihre gesamte Aufmerksamkeit erforderten. Beispielsweise von der Zahl 643 ausgehend die Zahl 7 abzuziehen und vom Ergebnis wiederum die Zahl 7 abzuziehen und so weiter. Und dies so schnell wie möglich. Erst nachdem die Rechenaufgabe beendet war, trafen die Probanden die Entscheidung über das beste Auto beziehungsweise die beste Wohnung.

Das Ergebnis war erstaunlich: Aus der Gruppe, die zuerst die Denkaufgabe zu lösen hatte, traf eine größere Zahl von Probanden die beste Wahl als jene aus der Gruppe, die bewusst darüber nachdachten. In zahlreichen ähnlichen Experimenten kamen die Forscher zum selben Ergebnis: Das Unbewusste ist besser in der Lage, komplexe Aufgabenstellungen zu lösen, als dies das Bewusstsein kann (vgl. Bargh 2018, S. 229 f.).

Die Ergebnisse bestätigten, was Sigmund Freud vor mehr als 100 Jahren in seinem Werk *Die Traumdeutung* beschrieben hat: Die kompliziertesten Denkleistungen sind ohne Mittun des Bewusstseins möglich (vgl. Freud 2011).

Denken wir nur daran, dass die besten Ideen vielfach nicht beim Grübeln und Nachdenken kommen, sondern en passant, beim Abwasch, unter der Dusche oder beim Relaxen. Fast hat es den Anschein, die Idee beziehungsweise Lösung fiele einem nebenbei in den Schoß. Unsere Großmütter wussten bereits: *„Schlaf eine Nacht darüber, morgen siehst du die Dinge klarer."* Denn im Laufe der Nacht gibt man dem Unbewussten die Möglichkeit, ein Problem von mehreren Seiten zu beleuchten.

4.4 Die Tür zum Unbewussten

Egal, wie man dieses innere Potenzial bezeichnet beziehungsweise wahrnimmt – als Unbewusstes, Bauchgefühl oder Instinkt –, wir sollten lernen, es zu nützen und nicht brach liegen zu lassen. Entscheidungen, die ausschließlich vom Verstand, also mit dem Kopf, getroffen werden, können uns auf falsche Wege führen. Das Unbewusste erfüllt zudem eine wichtige Funktion: Die verborgenen Sphären unseres Geistes sind da, um zu helfen und zu unterstützen. Das Unbewusste ist keine undurchdringliche Wand, sondern eine Tür, die sich öffnen lässt. Die Wissenschaft zeigt bis heute in Experimenten und Beobachtungen, wie sich diese Türe öffnen lässt.

Effektive Methoden, um die Tür des Unbewussten zu öffnen:

- *Gedanken aufschreiben*
- *Gedanken aussprechen*

Man kann also lernen, die Tür zum Unbewussten zu öffnen, unbewusste Einflüsse zu erkennen, sie sichtbar zu machen, sie zu nutzen und davon zu profitieren. Und man lernt, die Sprache des Unbewussten peu à peu zu verstehen. Wer die Sprache des Unbewussten zu entschlüsseln weiß, schwere Gedanken erkennt, lernt, mit diesem unbewussten Potenzial umzugehen, mit ihm zu kommunizieren. Es geht darum, uns zunächst bewusst zu machen, wie viel mehr wir an Lebensqualität gewinnen, wenn wir unbewusste Vorgänge erkennen und sie positiv in das Leben integrieren. Wir lernen, unser Leben zufriedener und besser zu führen. Wir erkennen konstruktive Erinnerungen und eignen uns den Umgang mit destruktiven Erfahrungen an.

Aus eigener Erfahrung weiß ich, dass die inneren Botschaften nicht immer einfach zu verstehen sind. Und dass es seine Zeit dauert, bis das gelingt und bis sich destruktive Gedanken, alte Verhaltensmuster, langjährige Gewohnheiten ändern, bis Zusammenhänge erkennbar werden. Um Gedanken umzulenken, muss man sie zuvor erkennen (s. Abschn. 5.3). Für all das braucht es Übung und Geduld. Denn Innenschau zu halten, geht nicht von heute auf morgen. Es kann dauern, bis man zufriedenstellende Antworten erhält. Ebenso braucht es Zeit zum Nachdenken, Zeit zum Reflektieren und Zeit für Stille. Wer ständig aktiv ist, kommt kaum zur Ruhe und hat nicht die Möglichkeit, in sich hineinzuhören. Wer einen Gang zurückschaltet, findet Antworten. In manchen Fällen braucht es professionelle Unterstützung, jemanden, der unterstützend da ist, um das Innere wahrzunehmen. Coaches, Lebensberater, Seelsorger, Therapeuten geben wertvolle Hilfestellung.

Denn manchmal haben unbewusste Reaktionen Ursachen, die wir allein nur schwer erkennen können. Wer dafür bereit ist, lernt dazu und entwickelt sich weiter.

Ich spreche nicht davon, dass wir vom Unbewussten gesteuert werden, denn dies hieße für mich, keinen freien Willen und keine Kontrolle über sich selbst zu haben und dem Unbewussten hilflos aufgeliefert zu sein. Mitnichten. Das Unbewusste hat zwar Einflüsse auf unser Denken, Handeln und Fühlen. Vielfach mehr, als es uns bewusst ist. Doch dies bedeutet nicht, dass wir keine Kontrolle darüber ausüben können beziehungsweise haben. Ich bin überzeugt, dass wir Menschen die Gewissheit brauchen, Gestalter unseres Handelns zu sein, und dass es nicht eine unbewusste Macht ist, die uns steuert oder kontrolliert.

4.5 Stimmige Entscheidungen

Wir Menschen möchten gerne alles in Kategorien einordnen und in Schubladen stecken, weil uns das eine gewisse Sicherheit gibt. Es liegt in der menschlichen Natur, Situationen zu bewerten. Unsere Ururahnen waren unzähligen Gefahren (beispielsweise wilden Tieren) ausgesetzt. Sie lernten damals, blitzschnell zu reagieren, um ihr Überleben zu sichern. Sich tot zu stellen, zu flüchten oder zu kämpfen, waren deren Strategien. Sie verließen sich auf unbewusste Eingaben. Dieser binäre Code ist heute noch in den Menschen angelegt, obwohl sich die Welt grundlegend verändert hat. Das (unbewusste) Bewertungssystem aus der Welt der Vorfahren darf demgemäß nicht 1:1 in unsere moderne Welt übernommen werden. Wir neigen nämlich noch immer dazu, zuerst den unbewussten Impulsen (Ahnungen, Bauchgefühl, Eingebungen, Instinkt) zu folgen und erst dann den bewussten. Das führt nicht im Hinblick auf alle Entscheidungen zum gewünschten Ziel. Dem Bauchgefühl blind zu folgen, ist deshalb nicht in allen Fällen ratsam. Außerdem neigen wir dazu, Menschen ausschließlich anhand des ersten Eindrucks zu beurteilen, zu bewerten. Das wird durch die Redewendung *„Der erste Eindruck zählt"* genährt. Man darf sich durch den ersten Eindruck, den eine Person hinterlässt und der auf dem Unbewussten basiert, nicht dazu verführen lassen, auf andere Persönlichkeitsmerkmale zu schließen oder sie voreilig in eine Schublade einzuordnen. Im Kontext von Fotos verhält es sich ähnlich. Obwohl Fotos statische Bilder sind, lesen wir hin und wieder Wesenszüge wie fachliche Kompetenz, Verlässlichkeit, Vertrauenswürdigkeit mit fester Überzeugung heraus und bewerten unbewusst diese Person. Wir wurden jedoch nicht von der Evolution mit der Fähigkeit ausgestattet, Persönlichkeitsmerkmale aus statischen Bildern herauszulesen. Vielmehr sind wir Menschen darauf ausgelegt, sensibel auf den emotionalen Ausdruck zu achten, während eine Person interagiert. Erst wenn wir eine Person in ihrem Tun erleben, wie sie sich entweder uns gegenüber verhält oder mit anderen Personen umgeht, erkennen wir erste Wesenszüge und dann dürfen wir auf die Signale des Bauchgefühls hören. Was sagt es? Hat es recht? Gleichzeitig sollten wir im Zuge unserer Entscheidung nicht vergessen, dem anderen eine Chance zu geben (vgl. Bargh 2018, S. 243).

Wie wissenschaftliche Untersuchungen belegen, erweisen sich Entscheidungen, die aus einer Kombination von bewussten und unbewussten Prozessen heraus getroffen werden, als die besten. Und zwar in dieser Reihenfolge: bewusste Prozesse vor unbewussten.

Bewusstes beziehungsweise unbewusstes Denken zeichnet sich, wie erwähnt, durch unterschiedliche Stärken und Schwächen aus. Sofern Zeit bleibt, sollte man die Entscheidung bewusst durchdenken und damit das Bauchgefühl absichern. Bleibt keine Zeit zum längeren Nachdenken, sollte man kurz innehalten und bis 10 zählen. Man darf sich vom Bauchgefühl nicht dazu verleiten lassen, große Risiken einzugehen (vgl. Bargh 2018, S. 227).

Ein Beispiel aus dem Leben:
Roman ist auf einer Klettertour. Sein Handy fällt in eine Gletscherspalte. Das Handy ist es nicht wert, ein großes Risiko einzugehen, um es zu bergen. Das eigene Überleben muss an erster Stelle stehen.

Entscheidungen sollten bestenfalls im Einklang von Verstand und Unbewusstem getroffen werden. Nach dem Motto: So gehen wir vor. Nur wenn eine Harmonie zwischen beiden Polen herrscht, sind Entscheidungen stimmig.

Nehmen wir an, unser Bewusstsein beziehungsweise unser Verstand ist der Vorgesetzte. Die Mitarbeiter in einem Unternehmen sind mit unserem Unbewussten vergleichbar. In erfolgreich geführten Unternehmen üben Vorgesetzte keine absolute Macht und Kontrolle über das Unternehmen aus. Vielmehr stimmen die Führungskräfte den Erfolgskurs im gemeinsamen Tun und Handeln mit den Mitarbeitern ab. Denn sie wissen: Mitarbeiter sind eine der wichtigsten Ressourcen in Unternehmen. Nicht immer haben die Führungskräfte recht und gegebenenfalls wie idealerweise lassen sich sie sich gerne von ihren Mitarbeitern überzeugen. Verantwortungsbewusstes Handeln ist ein gemeinsames An-einem-Strang-Ziehen. Egoistische Alleingänge führen selten an ein Ziel. Dennoch bleibt die Gesamtverantwortung eines Unternehmens beim Vorgesetzten. Beim Unbewussten ist das ähnlich. Es will gehört, beachtet und ernst genommen werden. Wenn man das nicht tut, meldet es sich immer wieder mit seinen Einwänden in Form von Gedanken oder inneren Monologen und stört die innere Zufriedenheit. Vielleicht nicht sofort, aber irgendwann tauchen ungute Gedanken auf. Auf Dauer lassen sich innere Einwände nicht unterdrücken. Je öfter wir uns erlauben, unseren inneren Impulsen zu folgen und zu handeln, desto mehr Selbstvertrauen wächst in uns.

Literatur

Bargh, J.: Vor dem Denken. Wie das Unbewusste uns steuert. Aus dem Amerikanischen übersetzt von Gabriele Gockel, Jendricke Bernhard und Robert Peter. München: Droemer (2018)

Birkenbihl, V.F.: Das neue Stroh im Kopf? Vom Gehirn-Besitzer zum Gehirn-Benutzer. 38. Aufl. Landsberg am Lech: mvg (2001)

Freud, S.: Die Traumdeutung. Hamburg: Nikol (2011)

Wieser, D.: In eigene Stärken eintauchen und kraftvoll aus ihnen leben. Wien: myMorawa von Dataform Media GmbH (2020)

5

Ein Blick in unser Inneres

5.1 Ein Blick ins Kapitel

Ein mutiger Blick in Ihr Inneres erlaubt es Ihnen, sich von hinderlichen Erfahrungen und Erlebnissen zu lösen und neue Denkweisen zu verinnerlichen. Kap. 5 gibt Aufschluss darüber. Entmutigende Erfahrungen verankern sich nicht in jedem Menschen gleich stark. Die Forschungsarbeiten der US-amerikanischen Entwicklungspsychologinnen Emmy Werner und Ruth Smith über Resilienz ermutigen: Es gibt Kinder und Jugendliche, die unter widrigen Verhältnissen aufgewachsen sind und sich dennoch gut entwickelt haben. Sie haben Mittel und Wege gefunden, die hinderlichen Erfahrungen hinter sich zu lassen. Seelische Widerstandskraft kann man sich

---

Ich darf dies nicht, ich darf das nicht. Ich könne dies nicht, ich könne das nicht. Mache dieses nicht, mache jenes nicht.

erarbeiten, egal, wie alt man ist. Man kann lernen, mit negativen Erfahrungen umzugehen und in Zukunft andere Schlüsse zu ziehen. Wer diesen Weg gehen möchte, muss bereit sein, sich auf neue Erfahrungen einzulassen. Die im Unbewussten in Bezug auf uns gespeicherten Botschaften und Erinnerungen, was wahr oder falsch ist, müssen hinterfragt und korrigiert werden. Eine bewährte Methode ist das „Reframing". Aus *„Ich habe es gleich gewusst, ich kann das nicht!" wird „Ich versuche es!"*. Nicht immer ist ein Therapeut notwendig, um Belastendes aufzuspüren und neue Gedankengänge zu verankern. Die Tür zum Unbewussten lässt sich öffnen mit effektiven Methoden zur Reflexion wie beispielsweise handschriftliches Schreiben oder das explizite Sprechen über diese Inhalte. Kraftvolle Bilder können ebenso als Inspirationsquelle fungieren.

5.2 Unbeschwert durch das Leben gehen

Experten sagen: Viele Menschen erleben entmutigende Erfahrungen, doch sie verankern sich nicht in jedem Menschen gleich stark. Je mehr von solchen fest verwurzelten Erlebnissen in einem Menschen gespeichert sind, desto hinderlicher sind sie für eine gesunde persönliche und berufliche Entfaltung. Sie schwächen Selbstwertgefühl, Selbstvertrauen und Selbstbewusstsein. Sogar Ängste oder Minderwertigkeitsgedanken können auf schlechten Erlebnissen beruhen. Wie oft liest oder hört man von Künstlern, Prominenten und Sportlern – die nach außen hin scheinbar alles haben, die ihr Talent wunderbar zur Entfaltung bringen –, dass sie sich nicht gut genug oder gar wertlos fühlen. Um schlechte Erfahrungen mit einem Rucksack zu vergleichen: Einige Menschen tragen einen leichteren, einige einen schwereren, manche einen sehr schweren Rucksack.

Die Forschungsarbeiten der US-amerikanischen Entwicklungspsychologinnen Emmy Werner und Ruth Smith über Resilienz ermutigen: Es gibt Kinder und Jugendliche, die unter widrigen Verhältnissen aufgewachsen sind und sich dennoch gut entwickelt haben. Sie haben Mittel und Wege gefunden, sich der schweren Dinge im Rucksack zu entledigen. Sie entwickelten Strategien und Eigenschaften, die es ihnen ermöglichen, an schwierigen und problematischen Verhältnissen zu wachsen und nicht zwingend an ihnen zu zerbrechen. Sie weisen eine gute Entwicklung ihrer Fähigkeiten, ihres Selbstvertrauens, Selbstwertgefühls und Selbstbewusstseins auf. Menschen mit guter Resilienz verfügen über die erforderliche innere Widerstandskraft, um Niederlagen, Misserfolge und Krisen zu meistern (vgl. Welter-Enderlin und Hildenbrand 2012).

Seelische Widerstandskraft kann man sich erarbeiten und erlernen: Egal, wie alt jemand ist und unabhängig davon, wie die Kindheits- und Jugendjahre verlaufen sind und wie viele entmutigende Erfahrungen, Seedings, Verletzungen jemand in sich trägt, ist es möglich, diese aufzuspüren und deren Wirkkraft abzuschwächen. Wenn Menschen älter werden, liegt es in deren Verantwortung, sich weiterzuentwickeln, sich von destruktiven Gedankenmustern zu verabschieden, sich diffusen Ängsten zu stellen, zu lernen, seine Gedanken zu reflektieren, sie bewusst zu hinterfragen und gegebenenfalls in eine neue Richtung zu lenken (s. Kap. 4).

1998 begann eine neue Ära in der Psychologie: die positive Psychologie. Der amerikanische Sozialpsychologe Martin Seligman hielt eine bahnbrechende Rede. Er rief Psychologen und Psychotherapeuten auf, ihre Blickrichtung zu verändern. Sie sollten nicht länger den Fokus nur auf die Behandlung von seelischen Krankheiten richten, sondern auch darauf, was Menschen seelisch gesund hält. Warum gelingt es manchen Menschen, trotz widriger Umstände an Leib und Seele gesund zu bleiben? Was lässt sie Krisen meistern? Vertreter der positiven Psychologie haben interessante Studien vorgelegt. Sie zeigen, welche bedeutende Rolle positive Gefühle, Dankbarkeit, Hoffnung, um einige zu nennen, für die seelische Gesundheit spielen (vgl. Fredrickson 2011, S. 9).

Wer es schafft, schlimme Dinge zu verarbeiten, wird belastbarer, resilienter. Wer es schafft, sich von belastenden Dingen zu lösen, geht zufriedener und gelassener durch das Leben. Das Erlebnis verliert allmählich seine Macht und wird peu à peu außer Kraft gesetzt. Menschen berichten, wie befreiend dies ist und wie sie mit einer innerlichen Zufriedenheit belohnt werden. Und das trägt sehr zur mentalen Gesundheit bei. Wer geht nicht gerne unbeschwert durchs Leben?

5.3 Von Gedankenschwerem zu Gedankenleichtem

Ein Beispiel aus dem Leben:
Man hat mir gesagt:

- *Ich darf dies nicht, ich darf das nicht.*
- *Ich könne dies nicht, ich könne das nicht.*
- *Mache dieses nicht, mache jenes nicht.*

Aussagen wie obige hinterlassen, wie bereits an anderer Stelle erwähnt, besondere Spuren, schreiben sich förmlich wie unwiderruflich ins Gedächtnis und entfalten meist eine Langzeitwirkung – und das kann bereits ein Satz auslösen. Dass derartige Aussagen für Kinder oder Jugendliche nicht motivierend sind, liegt auf der Hand. Dennoch werden sie nach wie vor von Eltern, Lehrern, um nur einige zu nennen, geäußert. Nichts ist für die individuelle Entfaltung und Entwicklung hinderlicher als obige Sätze. Zudem können derartige Botschaften die kindliche Seele verletzen. Meistens werden sie nämlich nicht nur einmal gesagt, sondern des Öfteren wiederholt. Die Botschaften werden zu Begleitern und können sich sogar bis ins Erwachsenenalter manifestieren. Sie verspuren sich förmlich im Gehirn. Nämlich derart, dass sich die Betroffenen die Sätze selbst sagen, sobald eine Herausforderung ansteht. Sätze wie die folgenden werden im Laufe der Jahre als Wahrheit empfunden und formieren sich zur inneren Überzeugung:

- *Ich darf dies nicht, ich darf das nicht!*
- *Ich kann dies nicht, ich kann das nicht!*
- *Mache dieses nicht, mache jenes nicht!*

Noch dazu, weil sich die Sätze immer wieder bestätigen. Sobald eine Aufgabe, eine Herausforderung nicht zufriedenstellend bewältigt wurde, sagen sich Betroffene laut oder leise in Gedanken: *„Ich habe es gleich gewusst, ich kann das nicht!"* Wenn jedoch die jeweilige Situation vorab in Gedanken als angsteinflößend durchlebt wird, ist die Wahrscheinlichkeit sehr groß, dass man an der Aufgabe scheitert. Die Person hat nämlich in der Situation zu wenig geistigen Spielraum. *„Ich habe gewusst, dass mich bei der Prüfung die Angst überfällt."* Die Überzeugung macht zunehmend mutlos und deprimiert. Man hat keine Lust, sich auf Neues einzulassen. Wir wissen vom ABC der Gefühle, dass Gedanken, unausgesprochen oder ausgesprochen, Gefühle nach sich ziehen und der Organismus Stresshormone ausschüttet. Das ist ein Kreislauf, der sich andauernd wiederholt, der zum Selbstläufer wird, je öfter diese Worte gedacht oder ausgesprochen werden. Der

Mechanismus läuft nämlich als selbsterfüllende Prophezeiung (Self-fulfilling Prophecy) ab. Solche oder ähnliche Sätze wirken als Seedings. Seedings (aus dem Englischen „to seed": „säen") sind nach den Medizinern Dr. Dorfer, Dr. Gasser und Dr. Kaindlstorfer Aussagen, Äußerungen, Sätze von Personen, die tief unter die Haut gehen. Seedings verwurzeln sich im Unbewussten und entfalten dort ihre Wirkung (vgl. Dorfer et al. 2016, S. 337). Zumindest so lange, bis wir erkennen, dass nicht alles, was im Unbewussten gespeichert ist, der Wahrheit entspricht. Sind die belastenden Aussagen, Äußerungen, Meinungen einmal gefunden, ist bereits viel gewonnen. Die im Unbewussten gespeicherten Botschaften und Erinnerungen in Bezug auf uns, was richtig oder falsch ist, was gut oder weniger gut ist, müssen hinterfragt, überdacht und korrigiert werden. Das Unbewusste kann bedauerlicherweise nichts hinterfragen und auch nichts korrigieren. Das muss das Bewusstsein übernehmen. Das Unbewusste akzeptiert und glaubt unzensiert die Worte, die es bekommt, so lange als Wahrheit, bis es vom Bewusstsein die Information erhält, dass es an der Zeit ist, neu zu denken (vgl. Wieser 2020, S. 67 ff.).

Aus:

- *Ich darf dies nicht, ich darf das nicht!*
- *Ich kann dies nicht, ich kann das nicht!*
- *Mache dieses nicht, mache jenes nicht!*

Wird:

- *Ich darf dies, ich darf das!*
- *Ich kann dies, ich kann das!*
- *Mache dieses, mache jenes!*

5.4 Neue Schlüsse ziehen

Das Unbewusste will uns zwar vor neuen Enttäuschungen schützen und vor Schaden bewahren. Manchmal zieht es allerdings die falschen Schlüsse, wie die Beispiele von Patrick, Fabian und Astrid zeigen. Sobald eine Situation einer vergangenen ähnelt oder gleicht, erinnern sie sich an das Erlebte. Und sie fallen in das (erlernte) Reaktions- beziehungsweise Rollenmuster zurück (s. Kap. 2). Und reagieren, wie sie es seinerzeit gelernt haben, in derartigen Situationen zu reagieren. Wenn man damals beispielsweise verletzt reagiert hat, wird man in der neuen Situation tendenziell wieder verletzt reagieren.

Beispiele aus dem Leben:
Patrick ist Steuerberater. In seinem Fachgebiet ist er sehr kompetent, engagiert und kennt viele Steuertricks. Sobald es darum geht, einen Vortrag zu halten, lehnt er jedes Mal dankend ab. Er bekommt Magenschmerzen und schläft schlecht, sobald er nur daran denkt, vor Publikum zu sprechen. Obwohl viele Menschen von seinem Know-how profitieren würden. Wenn er darauf angesprochen wird, warum er keinen Vortrag hält, antwortet er: „In der Schule hatte ich ein schlechtes Erlebnis mit einem Referat und daraufhin schwor ich mir, niemals mehr vor Publikum aufzutreten. Nach diesem Vorfall hielt ich in der Schule nie wieder ein Referat."

Fabian hat eine Scheidung hinter sich. Ein buchstäblicher Rosenkrieg. Sobald ihm eine Frau näherkommen will, zieht er sich zurück und igelt sich ein. Florian schützt sich vor weiteren Verletzungen. Eigentlich will er sich wieder verlieben, doch sein Unbewusstes ermahnt ihn immer wieder: „Denke an deine schlimmen Erfahrungen!"

Astrid hat in ihrer alten Firma schlechte Erfahrungen mit einer Arbeitskollegin gemacht. Die Kollegin hat weder Astrid noch ihre Arbeit geschätzt. Beim Vorstellungsgespräch in

> einer neuen Firma sah die zuständige Frau in der Personalabteilung der ehemaligen Arbeitskollegin ähnlich. Das Unbewusste meldete sofort: „Achtung! Pass auf! Erinnere dich!" Astrid verlässt fluchtartig und ohne Worte das Büro. Erinnerungen an vergangene Situationen tauchen scheinbar aus dem Nichts auf.

Das Gute: Man kann lernen, mit derartigen negativen Erfahrungen umzugehen, in Zukunft die Situation anders zu interpretieren, andere Schlüsse zu ziehen. Sich bewusst zu machen: Diese Erlebnisse gehören der Vergangenheit an. Man will nicht in eine alte Rolle zurückfallen. Jetzt wird neu gedacht. Sobald Patrick der Kreislauf bewusst wird oder er von außen einen Impuls erhält, der ihn zum Nachdenken anregt, gelingt es ihm, seine Erfahrungen aus der Schulzeit hinter sich zu lassen, und er fasst wieder Mut, einen Vortrag vor Publikum zu halten. Natürlich braucht es dazu eine gute Vorbereitung und vielleicht sogar mehrere Anläufe. Möglicherweise bauen sich seine Ängste durch die Teilnahme an Präsentationsseminaren oder durch ein Einzelcoaching ab.

Das Beispiel von Fabian zeigt anschaulich, wie er zunehmend entmutigt wird. Das Unbewusste, das immer wohlwollend ist, will ihn in Zukunft vor schlimmen Erlebnissen beschützen und setzt Signale, falls sich eine Frau ihm nähert, in Form von: *„Pass auf und erinnere dich an damals, als …"* Unglücklicherweise wird es Fabian mit derartigen Gedanken nie gelingen, eine neue Frau kennenzulernen. Denn würde er erneut verletzt werden, würde sein Unbewusstes mahnende Worte sprechen: *„Habe ich es dir nicht gleich gesagt?"* Fabian muss lernen, seinen Schutzpanzer abzubauen und sich wieder zuzutrauen, offen auf Frauen zuzugehen.

Astrid muss erkennen, dass sie sich nicht vom ersten Eindruck fehlleiten lassen darf. Astrid versieht nämlich die

Angestellte in der Personalabteilung unbewusst mit einem Stempel und gibt ihr die Schuld für etwas, was ihr eine andere Person angetan hat. Die Angestellte in der Personalabteilung ist den Vorgängen in Astrids Kopfkino hilflos ausgeliefert und hat keinerlei Chance, darauf zu reagieren.

Die Haltungen von Menschen mit negativen Erfahrungen lassen sich weder durch kognitive (Aufklärung) noch durch emotionale Strategien (wohlwollendes Verständnis) verändern. Bedauerlicherweise funktioniert es auch nicht, sich das Gegenteil davon einzureden, wie etwa: *„Meine ehemalige Arbeitskollegin war eine großartige Kollegin!"*

Wer dennoch seine innere Überzeugung verändern möchte, muss bereit sein, sich auf neue Erfahrungen einzulassen und dem Unbewussten ein Stoppsignal zu setzen. Denn wie bereits berichtet, ist für das Unbewusste alles brauchbar, nützlich, richtig und wahr. Das Unbewusste muss darüber aufgeklärt werden, dass es an der Zeit ist, neu zu denken. Vielfach müssen die Botschaften, die Impulse von außen kommen, damit das Unbewusste auf einen anderen Gedankengang kommt.

Nicht immer ist ein Therapeut notwendig, um Belastendes aufzuspüren und neue Gedankengänge zu verankern. Eine bewährte Methode für das Auffinden von schweren, von belastenden Gedanken ist beispielsweise das Aufschreiben der Gedanken nach der Freewriting-Schreibmethode. Das Sprechen mit einer vertrauten Person über Vorfälle zieht denselben Effekt nach sich wie das Aufschreiben. Sich schriftlich oder sprachlich zu öffnen, bedeutet ebenso, sich gedanklich zu öffnen. Manchmal offenbaren sich Erlebnisse per Zufall. Plötzlich erkennt man sie etwa beim Lesen oder Zuhören und man gelangt zur Erkenntnis: *„Das könnte ich sein. In dieser Geschichte finde ich mich wieder."* Andere Erlebnisse wiederum sind sehr verborgen und hartnäckig. Sie lassen sich nur mit sehr viel Geduld und Zeit auffinden und mit dem gleichen Maß an

Geduld verändern: idealerweise mit professioneller Hilfe in therapeutischer Begleitung.

5.5 Bilder, die sich zunehmend konturieren

„Ein Bild sagt mehr als 1000 Worte" – wie oft sich diese Weisheit doch bestätigt. Denken wir an Bilder, die wir mit Urlaub verbinden, wie beispielsweise endlos weite Sandstrände, Frühstück mit Blick aufs Meer, schneebedeckte Berge, oder denken wir an Bilder von Katastrophen, hungernden Kindern oder grauenvollen Morden. Bilder wie diese berühren uns im Inneren und hinterlassen Spuren.

Die eigene Geschichte verdichtet sich im Laufe der Jahre zunehmend zu Bildern und nimmt eine konkrete Kontur an. Natürlich entwickeln diese Bilder eine Stärke. Wiederum im positiven wie im negativen Sinn. Negative Bildmuster können mitunter ein Produkt der Gewohnheit sein. Die meisten Menschen merken gar nicht, wie sie in negative Denkmuster und in nicht hilfreiche Einstellungen, Erinnerungen oder Sprachgebräuche fallen. Zumeist ungewollt stellen wir mit Gedanken oder Worten Vergleiche an und ahnen nicht mal, welche Folgen daraus resultieren können.

> *Ein Beispiel aus dem Leben:*
> *Sebastian ist Lehrer. In der heutigen Zeit kein leichter Job, berichtet er, wenn er auf ihn angesprochen wird. Die jungen Menschen werden immer schwieriger, die Eltern fordernder, der Lehrplan straff mit Inhalten gefüllt. Im Klassenzimmer hat er den Gedanken, gegen eine Wand zu reden, und fühlt sich zwischendurch wie ein Löwenbändiger.*

Mit einem Bild von Unterricht in sich, wie es hier exemplarisch gezeichnet wird, wird die Lehraufgabe der

Lehrkraft im Klassenzimmer voraussichtlich viel Energie abverlangen.

- *Wer redet schon gerne gegen eine Wand?*
- *Wer ist gerne in der Höhle der Löwen?*

Nicht immer ist es nämlich die Tätigkeit an sich, die Energie raubt, es sind auch die Worte, die man über sie denkt oder ausspricht, die an den eigenen Ressourcen zehren. Und das ist das Bild, das man schließlich verinnerlicht. Auf Dauer lähmt ein solches Bild und man ist sich gar nicht bewusst, dass die eigenen Gedanken inneren Stress erzeugen. Das Unterrichtsgeschehen läuft im Sinne der Self-fulfilling Prophecy ab (vgl. Wieser 2019, S. 154 f.). Wie oft kommt es vor, dass Menschen den Job wechseln und im neuen Job wieder mit Unzufriedenheit oder ähnlichen Problemen wie im alten Job zu kämpfen haben. Der Job wird zwar gewechselt, die Gedanken und inneren Bilder indes nicht näher betrachtet. Unumstritten aber ist: Ein Job lässt sich nicht schönreden. Wer den Job nicht gerne ausübt oder gar von ihm über- oder unterfordert ist, vermag es auch mit positiven Bildern oder Gedanken nicht, Glücksgefühle zu erzeugen. Denn die Unzufriedenheit verschwindet nicht, sie bahnt sich immer wieder ihre Wege. Ein Blick nach innen lohnt sich jedenfalls.

Gleichzeitig kennen wir alle Situationen, in denen wir uns Ereignisse in den schönsten Farben und Bildern ausmalen. Die Vorfreude ist bekanntlich die schönste Freude. Sobald aber das Ereignis eintritt, hält auch eine gewisse Ernüchterung Einzug. Wir landen wieder am Boden der Realität. Angst, Trauer, Wut machen die einstigen freudigen Gefühle zunichte. Der ersehnte Traumurlaub entpuppt sich als Alptraum. Der neue Job ist doch nicht so, wie erhofft. Das in Gedanken ausgemalte harmonische Familienfest endet wieder einmal im Streit.

Menschen aller Altersklassen himmeln vielfach Idole wie reiche Menschen, Sänger, Schauspieler, Sportler an. Sie dienen ihnen als Vorbilder. Menschen, die, zumindest aus ihrer Perspektive, das haben, was sie gerne hätten. Menschen, die beliebt, erfolgreich, glücklich zu sein scheinen. Sie eifern ihnen in ihrer Art zu denken nach und kreieren ein Idealbild. Gleichzeitig finden sie sich selbst nicht gut genug. Sie versuchen, Unmögliches zu erreichen, und führen einen Kampf, den sie nicht gewinnen können. Sie versuchen, in Rollen zu schlüpfen, die nicht ihre sind. Das eigene Selbst rückt immer mehr in den Hintergrund. Sie versuchen, nach außen ein Bild von sich selbst zu präsentieren, dem sie innerlich nicht gerecht werden können. Solche Idealbilder überfordern den Menschen. Davon sollte man sich trennen.

Folgt man den Lehren von Platon, liegt der Ursprung von Bildung darin, sich gute Bilder imaginieren zu können – sie zu verinnerlichen (vgl. Grün 2011). Wie lassen sich nun aber kraftvolle Bilder finden? Denn nicht jedes Bild passt zu jedem Menschen. Eine Methode, stimmige Bilder in sich zu entdecken, stellt Pater Anselm Grün vor: Er lädt ein, an die Kindheit zurückzudenken:

- *Was hat Sie als Kind fasziniert?*
- *Welches Spiel, welche Tätigkeit hat Ihnen Spaß gemacht?*
- *Womit konnten Sie sich stundenlang beschäftigen, ohne müde zu werden?*

Durch die Erinnerungen an die Kindheit wird Ihnen bewusst, woraus Sie Kraft schöpfen konnten. Meist müssen die Kindheitsbilder nur geringfügig abgeändert werden, um sie im Erwachsenenalter nutzbar zu machen (vgl. Grün 2011). Die Energie beginnt zu fließen, sobald sich stimmige Bilder vor dem inneren Auge abzeichnen. Aus eigener Erfahrung bestätige ich, dass dies funktioniert.

Das Überarbeiten meiner Texte hat sich zu Beginn stets sehr mühsam angefühlt. Geduld zählt ohnehin nicht zu meinen Stärken. Innerlich hat sich etwas in mir gesträubt. Es hat mich Kraft und Energie gekostet, die Texte zu überarbeiten. Zufällig bin ich auf die Methode von Pater Grün gestoßen und habe sie erprobt: Als Kind habe ich sehr gerne Puzzle gelegt. Beim Überarbeiten der Texte stelle ich mir noch heute die Kapitel als Puzzle vor: Erst nach und nach ergibt sich ein Bild, manche Textteile muss ich öfters überarbeiten, also in die Hand nehmen, um sie an der richtigen Stelle zu platzieren. Es bereitet mir Freude, mit den Textteilen zu spielen und zu sehen, wie ein Kapitel und allmählich das ganze Buch nach und nach entsteht. Auf einmal ist das Überarbeiten nicht mehr mühsam, sondern spannend. Innerlich wehrt sich nichts mehr und ich erreiche mein Ziel: einen für mich stimmigen Text zusammenzustellen, zusammenzubauen – zu komponieren.

Bewusst gewählte Vorbilder können viel Positives bewirken. Sie fungieren als Kraftbilder und dienen Menschen als Inspirationsquellen. Das gibt Mut, Hoffnung und Motivation, den eigenen Weg zu gehen und bei sich zu bleiben. Sie zeigen, welche Möglichkeiten und Potenziale im Inneren stecken. Somit weisen sie den Weg zu einem selbstbewussten und authentischen Leben.

5.6 Reframing – Eine Frage des Blickwinkels

Eine bewährte Methode, Gedanken in eine andere, in eine neue Richtung zu lenken, ist das Reframing. Reframing leitet sich vom englischen Wort *„frame"*, auf Deutsch „Rahmen", ab. Eine Methode, die hilft, die Wahrnehmung zu verändern, um sie in einem neuen, anderen

Rahmen (Frame) zu sehen. Das Gewicht, das ein Ereignis, eine Situation, ein Verhalten im Endeffekt erhält, ergibt sich aus der Bedeutung, die diesen Gegebenheiten im Einzelnen von der betreffenden Person beigemessen wird, hängt also von der subjektiven Bewertung ab (s. Kap. 2). Der Rahmen schränkt die Sicht auf die Dinge ein. Reframing ist die Fähigkeit, eine Situation, ein Ereignis, ein Verhalten aus verschiedenen Perspektiven zu betrachten und anders zu interpretieren. Das macht den Geist und die Gedanken freier und beweglicher. Unter einem neuen, einem anderen Blickwinkel sieht die Sache vielfach anders aus. Der neue Rahmen ermöglicht eine Umdeutung der Situation oder der Geschehnisse. Objektiv verändert sich die Situation zwar nicht, subjektiv wird sie allerdings anders wahrgenommen. Reframing verfolgt weder das Ziel, belastende und unangenehme Gefühle zu verdrängen, noch die Welt durch die rosarote Brille zu sehen oder sich Situationen schönzureden. Durch Reframing lernt man, aus eigener Kraft mit schmerzhaften Gefühlen umzugehen.

> *Ein Beispiel aus dem Leben:*
> *Thomas hat sich für einen Job in einem Unternehmen beworben. Schon sehr lange schwärmt er für diesen Job. Bedauerlicherweise hatte ein Mitbewerber bessere Chancen. Thomas ist enttäuscht. Eine Form des Selbstbetrugs wäre es, wenn er sich nun einreden würde: „Diesen Job wollte ich ohnehin nicht haben."*
>
> *Durch Reframing könnte Thomas etwa so denken: „Sehr gerne hätte ich den Job gehabt. Ich bin enttäuscht und traurig, dass ich ihn nicht bekommen habe. Schon lange habe ich mir vorgenommen, eine Weiterbildung zu absolvieren, diese könnte ich nun in Angriff nehmen. Möglicherweise ergibt sich für mich daraus eine neue Chance."*

Reframing ermöglicht, eine bisher verborgene, eine andere und neue Perspektive in Betracht zu ziehen – die Gedanken wieder auf eine positive und optimistische Schiene zu bringen. Der Effekt ist meist mit einem Überraschungselement verbunden und kann auch das emotionale Erleben einer Situation völlig ändern. So ist man möglicherweise imstande, in einem Ereignis, das man bisher ausschließlich als negativ betrachtet hat, Chancen zu erkennen, die man bisher nicht gesehen und nicht berücksichtigt hat. Somit kann die (scheinbar) negative Situation überwunden werden und man wird wieder zum Gestalter seines Lebens.

Das Reframing ist eine Methode aus der systematischen Psychotherapie, welche auf die amerikanische Psychotherapeutin und Familientherapeutin Virginia Satir zurückzuführen ist (vgl. Satir und Baldwin 1989). Milton H. Erickson, amerikanischer Psychiater, Psychologe, Psychotherapeut und Begründer der modernen Hypnotherapie, wandte Reframing erfolgreich in seinen Therapien an. Er gilt als einer der bedeutendsten Lehrer und Praktiker der Hypnose (vgl. Erickson und Rossi 2016).

In vielen Märchen, Geschichten und Fabeln kommen Reframings zum Einsatz, die mit einem Mal eine neue Perspektive aufzeigen: Aus Bösem wird Gutes. Vielfach gibt es bei Sprichwörtern ebenso zwei Seiten der Betrachtung:

Beispiele aus dem Leben:
Ratschläge sind Schläge.
   Oder:
   Ein guter Rat ist wie Schnee. Je sanfter er fällt, desto länger bleibt er liegen und desto tiefer dringt er ein.

Eine Situation wird plötzlich in einen ganz anderen Rahmen gestellt.

- *Was ist das Positive an der Situation?*
- *Was kann ich aus der Situation lernen?*
- *Was werde ich beim nächsten Mal anders machen?*

Fragen, die man sich in einer schwierigen Situation immer stellen kann. Denn meistens ist man geneigt, sich zu ärgern, zu bemitleiden beziehungsweise Dinge negativ zu sehen. *„Das kann nie funktionieren!"* – höchste Zeit, Glaubenssätze wie diesen einer inneren Revision zu unterziehen. So ließe sich stattdessen die Überlegung lösungsorientiert in folgende Worte fassen: *„So, wie ich bisher an die Sache herangegangen bin, hat es nicht funktioniert. Also gehe ich es nun anders an."* Glaubenssätze können sich durch das Reframing auflösen. Wenn man erkennt, dass man aus jeder Situation etwas Positives mitnehmen kann, formen sich neue Gedankengänge, die dann das Verhalten wandeln. Langfristig ändert sich der Blickwinkel auf die Herausforderungen des Lebens. Man wird resilienter und gelassener.

5.7 Gedanken Raum geben

Das handschriftliche Schreiben ist eine effektive Methode, um die Tür zum Unbewussten zu öffnen, und eine gute Art der Selbstreflexion. Wenn man Empfindungen, Gedanken, Gefühle auf Papier festhält, werden sie sichtbar und man erhält einen Blick in sein Inneres. Man schreibt sich die Last Wort für Wort aus Kopf und Herz. Mit dem Verschriftlichen treten beispielsweise die hinter Ängsten, Ärger, Freude, Sorgen, aber auch Trauer verborgenen Gedanken in den Vordergrund (s. Kap. 2). Man gibt den Gedanken Raum und Zeit zur Entfaltung.

Das Niederschreiben lehnt sich an die Freewriting-Methode an: Man stellt für circa zehn Minuten einen Wecker, nimmt Stift und Papier und lässt die Hand schreiben, ohne dabei nachzudenken und ohne den Stift niederzulegen. Es ist nicht wichtig, ob man spontan mit dem Schreiben beginnt oder mit einer der folgenden Fragen, die man sich exemplarisch stellen könnte:

- *Was macht mich wütend?*
- *Worüber mache ich mir Sorgen?*
- *Welche Gedanken sind gerade in meinem Kopf?*
- *Was denke ich über dieses oder jenes Thema?*
- *Was denke ich über diesen oder jenen Menschen?*

Das ununterbrochene Schreiben ist eine wirkungsvolle Art, Gedanken bewusst zu machen und den Kopf buchstäblich frei zu machen. Und um eine Antwort zu bekommen auf die Frage: *Warum reagiere ich so, wie ich reagiere?*

Im Anschluss liest man seine Worte. Es müssen keine ganzen Sätze oder schönen Formulierungen sein. Wichtig ist der Schreibfluss. Dieser ordnet die Gedanken und bringt Klarheit. Nicht selten gerät man ins Staunen darüber, was im Inneren abläuft. Wesentlich ist, die Gedanken nicht zu bewerten, sich nicht für sie zu schämen und sich nicht selbst dafür zu verurteilen (vgl. Wieser 2020, S. 99). Im Anschluss erfolgt die Analyse. Beispielsweise ließen sich nachstehende Fragen stellen:

- *Ist die Angst, ist die Wut berechtigt?*
- *Sind die Gedanken realistisch oder maßlos übertrieben?*
- *Sind die Sorgen begründet?*
- *Was will ich wirklich?*

Sobald etwas bewusst ist, kann man leichter damit umgehen und Strategien zur Lösung entwickeln. Beim näheren

Hinsehen merkt man sehr oft, dass der Ärger mehr mit der eigenen Weltsicht als mit dem Gegenüber zu tun hat. Die meisten Ängste, Befürchtungen, Sorgen sind entweder unbegründet oder übertrieben. Die Gedanken spielen sich nur im Kopf ab. Man malt sich die schlimmsten Dinge aus, die in der Realität gar nicht so düster sind oder gar nicht existieren.

Manchmal reichen zehn Minuten aus, um Antworten und Sicherheit zu bekommen. Ansonsten gilt es, die Methode so oft wie nötig zu wiederholen oder abzuwarten, ob im Laufe der nächsten Tage Erinnerungen ins Bewusstsein kommen und sich dann Zusammenhänge offenlegen. Man kann das Schreiben ebenso als fixes Schreibritual einplanen, indem man etwa seine Gedanken einmal in der Woche für 10 min in ein besonderes Notizbuch schreibt (vgl. Wieser 2020, S. 99).

5.8 Hineinhören – heraushören

„Was habe ich soeben gesagt?" – wie oft kann man selbst oder das Gegenüber diese einfache Frage nicht beantworten, weil die Gedanken ganz woanders sind. Meist auch nicht verwunderlich, wenn Tag für Tag unzählige Botschaften auf uns einwirken. Doch sehnen wir uns nicht danach, dass uns Menschen zuhören, dass sie hinhören, dass sie in die Tiefe hören, sie also hören, was uns im Inneren bewegt? Ich kann das nur bejahen, denn wertvolle Gespräche beginnen mit der Kunst des Zuhörens. Warum Kunst? Weil es nicht selbstverständlich ist. Hören ist die rein akustische Aufnahme von gesendeten Informationen. Wirkliches Zuhören ist viel mehr. Es ist aktives Zuhören, weshalb es sich dabei wahrlich um eine Kunst handelt. Aktives Zuhören bedeutet Verstehen-Wollen, wie die Experten für Kommunikation Friedemann Schulz von Thun,

Johannes Ruppel und Roswitha Stratmann betonen. Wer zuhört, geht ein Stück weit in die Welt des Sprechers hinein und versucht, die Beweggründe für sein Handeln zu erfahren. Wer zuhört, bringt Interesse, Zeit und nicht selten Geduld entgegen. Es braucht mitunter Zeit, um das Gehörte zu verarbeiten. Der Zuhörer erhält eine andere Perspektive und vermittelt: *„Ich habe verstanden, was du sagst und wie dir dabei zumute ist."* Zuzuhören bedeutet nicht zwangsläufig zuzustimmen. Niemand muss den Standpunkt des Gesprächspartners übernehmen. Sehr oft reicht es bereits, Verständnis entgegenzubringen. Während des Gesprächs darf sich der Zuhörer sehr wohl zu Wort melden und muss nicht in Stille verharren. Er darf sich näher erkundigen, Fragen stellen oder das Gesagte zusammenfassen: *„Maria, ich kann verstehen, dass du verärgert und enttäuscht bist, weil du dich vom Kollegen ausgeschlossen fühlst."* Treten Tränen beim Erzählen auf, intensiver Ärger oder Ängste, ist das ein Zeichen dafür, dass ein wesentlicher Punkt angesprochen wurde. Der Gesprächspartner sollte die Gefühle zulassen und weder beschwichtigen (*„Ach, lass den Kopf nicht hängen!"*) noch auf ein anderes Thema (*„Lass uns bitte über etwas anderes sprechen!"*) wechseln. Mehr braucht es zumeist nicht. Nicht selten macht der Erzähler die Erfahrung, dass geäußerte Gefühle zu einer positiven Reaktion führen und nicht in einer Katastrophe enden (vgl. Schulz von Thun et al. 2012, S. 70 ff.).

Das aktive Zuhören ist nicht nur im Zwischenmenschlichen wichtig, sondern findet sich auch in der Gesprächstherapie wieder. Ihr Begründer, der amerikanische Psychologe und Psychotherapeut Carl Ransom Rogers, erkannte deren Schlüsselqualität (vgl. Rogers 1986). Das Verbalisieren hilft dem Sprecher, in sich hineinzuhören, seine Beweggründe für dieses oder jenes Handeln zu beschreiben, sie in Worte zu fassen, Einblick in seine unausgesprochene, in seine innere Gedankenwelt zu erhalten und die Situation zu reflektieren. Gefühltes wird auf diese Weise sprachlich sichtbar, man gewinnt Klarheit und bringt Ordnung in seine Gedanken. Beim Sprechen wird den Gefühlen vermehrt Aufmerksamkeit geschenkt. Denn manche Menschen können Gefühle beim Sprechen besser zum Ausdruck bringen als beim Niederschreiben.

Aktives Zuhören schafft einen Rahmen dafür, was einem selbst nicht gelungen ist: sich auf den Punkt zu bringen. Der Erzählende erkennt selbst, welche Schwierigkeiten oder Gedankengänge bisher im Wege standen. Das fördert zudem sein Selbstbewusstsein und Selbstvertrauen. Menschen trauen sich, neue Wege zu gehen, neue Ideen zu entwickeln, und muten sich mehr zu. Dazu sind keine Ratschläge eines Therapeuten notwendig, wenn nicht sogar irreführend.

Der Geist wird förmlich erweitert. dem Erzählenden offenbaren sich Lösungswege, die bisher nicht im Blickfeld standen. Es hat den Anschein, als fiele ihm die Antwort in den Schoß beziehungsweise als ob ihm unmittelbar die Schuppen von den Augen fallen würden. Und er fragt: „Warum ist mir das nicht schon viel früher auf- oder eingefallen?"

Literatur

Leopold, D., Robert, G., Clemens, K.: Hypnoakupunktur. 1. Aufl. Am Verlag, Graz (2016)

Erickson Milton, H., Rossi Ernest, L.: Hypnotherapie. Aufbau – Beispiele – Forschungen. Aus dem Amerikanischen übersetzt von Brigitte Stein. 14. Aufl. Klett-Cotta, Stuttgart (2016)

Fredrickson, B.L.: Die Macht der guten Gefühle. Wie eine positive Haltung ihr Leben dauerhaft verändert. Aus dem Englischen übersetzt von Nicole Hölsken. Campus, Frankfurt (2011)

Grün, A.: Die heilsame Kraft der inneren Bilder. Aus unverbrauchten Quellen schöpfen. KREUZ, Freiburg im Breisgau (2011)

Rogers, C.R.: Die klientenzentrierte Gesprächspsychotherapie, 4. Aufl. Fischer, Frankfurt a. M. (1986)

Satir, V., Baldwin, M.: Familientherapie in Aktion. Die Konzepte von Virginia Satir in Theorie und Praxis. 2. Aufl. Junfermann, Paderborn (1989)

Schulz von Thun, F., Ruppel, J., Stratmann, R.: Miteinander reden: Kommunikationspsychologie für Führungskräfte, 13. Aufl. Rowohlt, Reinbek bei Hamburg (2012)

Welter-Enderlin, R., Hildenbrand, B.: Resilienz – Gedeihen trotz widriger Umstände, 4. Aufl. Carl-Auer, Heidelberg (2012)

Wieser, D.: Die Kraft der pädagogischen Liebe. 2. Aufl. tredition, Hamburg (2019)

Wieser, D.: In eigene Stärken eintauchen und kraftvoll aus ihnen leben. myMorawa von Dataform Media GmbH, Wien (2020)

6

Achtsam. Wertvoll

6.1 Ein Blick ins Kapitel

Wer möchte nicht von seinen Mitmenschen als wertvolle Person wahrgenommen werden? Jeder Mensch sehnt sich danach. Damit jemand anderen Wertschätzung entgegenbringen kann, bedarf es der wesentlichen Voraussetzung, sich selbst anerkennen, annehmen und den eigenen Wert schätzen zu können. Wer um seinen Wert weiß, kann seinen Mitmenschen offen begegnen. Die eigenen Worte achtsam zu wählen und Wertschätzung zu leben, ist eine lebenslange Aufgabe. Wertschätzung kann auf eine weitere Art ausgelegt werden, im Sinne von „Werte schätzen". Platonische (Tapferkeit, rechtes Maß, Gerechtigkeit,

---

Präsent zu sein, bedeutet, bewusst zu tun, was man gerade tut. Achtsam zu sein und gedanklich ganz bei der Sache zu sein, der man sich im Augenblick widmet. Hic et nunc.

Klugheit) und christliche Werte (Glaube, Liebe, Hoffnung) sind Kraftquellen und machen das Leben wertvoll. Ein Dank ist viel mehr als nur eine Form der Höflichkeit. Ein Dankeschön entfaltet eine enorme Wirkkraft und ist Ausdruck von Wertschätzung. Kap. 6 liefert Ihnen hierzu wertvolle Informationen.

Wie oft schweifen wir mit den Gedanken ab? Wahrscheinlich sehr oft. Nur allzu oft ist es die Zukunft, die uns beschäftigt, oder wir denken an die Vergangenheit, manchmal auch an schmerzhafte Erinnerungen. Die Gegenwart hingegen erhält in solchen vorwärts- wie rückwärtsgerichteten Augenblicken zu wenig Raum. Doch das Leben findet ausschließlich im Hier und Jetzt statt. Präsent zu sein, bedeutet, bewusst zu tun, was man gerade tut. Achtsam zu sein und gedanklich ganz bei der Sache zu sein, der man sich im Augenblick widmet. Hic et nunc.

6.2 Wertschätzung

Ein nettes Wort hier, ein freundliches Lächeln dort, ein ermutigendes „Versuche es noch einmal!", ein verzeihendes Nicken, ein respektvoller Brief, ein Gruß am Morgen, ein Lob an den Kollegen, ein Blumenstrauß als Dankeschön. Wertschätzung lässt sich auf verschiedenste Arten ausdrücken. Nicht nur mit Worten drücken wir sie aus, sondern auch mit Gestik, Haltung und Mimik. Streicheleinheiten beziehungsweise (engl.) „strokes" wird dies in der Psychologie genannt (vgl. Wlodarek 2019). Wer möchte nicht von anderen Menschen als wertvolle Person wahrgenommen und in seinem Wert geschätzt werden? Wer möchte nicht angesehen werden und auf diese Weise Ansehen bekommen? Nach Wertschätzung sehnen wir uns alle, man fühlt sich gerne als Individuum, als Subjekt wahrgenommen. Wir schätzen den wertschätzenden Umgang sowohl im privaten und freundschaftlichen Umfeld als auch im beruflichen Miteinander. Darüber hinaus wünscht man sich beim Einkaufen, im Straßenverkehr, in der Schule, beim Arzt, im Krankenhaus, bei öffentlichen Ämtern, um nur einige zu nennen, respektvoll behandelt zu werden.

Wertschätzung kann, muss aber nicht zwangsläufig Zuneigung und Herzlichkeit bedeuten. Achtung, Akzeptanz, Freundlichkeit, Höflichkeit und Respekt sind wesentliche Aspekte von Wertschätzung.

- *Bin ich bereit, Wertschätzung zu geben, oder will ich sie lieber erhalten?*
- *Wer kommt in den Genuss meiner Wertschätzung?*
- *Wie wertschätzend und freundlich gehe ich mit mir selbst um?*

Generell gilt: Damit jemand anderen Wertschätzung entgegenbringen kann, bedarf es der wesentlichen Voraussetzung, sich selbst anerkennen, annehmen, wie man ist, und den eigenen Wert schätzen zu können. Solange sich jemand wertlos fühlt, gelingt es ihm nicht, seinen Mitmenschen wertschätzend gegenüberzutreten. Er kann sich noch so sehr anstrengen und den Willen haben. Es gelingt nicht. Die eigene empfundene Wertlosigkeit treibt dazu an, den anderen ebenfalls zu entwerten. Meist ist der Betroffene derart auf sein eigenes Bedürfnis fixiert, von anderen anerkannt und gesehen zu werden, dass er blind ist für die Bedürfnisse der Mitmenschen.

Die Basis für ein erfülltes und zufriedenes Leben ist, eine gute Beziehung zu sich selbst zu haben, also ein gesundes Selbstwertgefühl zu besitzen. Erst dann gelingen zwischenmenschliche Beziehungen auf Augenhöhe. Wer um seinen Wert weiß, kann seinen Mitmenschen offen und ohne Vorurteil begegnen. Das Entgegenbringen von Wertschätzung bedeutet, den Wert und die Würde des anderen anzuerkennen. Man bewertet den anderen nicht, fällt kein Urteil über ihn oder wertet ihn auch nicht ab. Ein Urteil steht uns nicht zu, ob jemand mehr oder weniger wertvoll ist (vgl. Grün 2017, S. 55 f.).

Einander wertzuschätzen bedeutet, den Menschen in seiner Eigenart anzunehmen und nicht nur seine Leistungen und Qualitäten zu schätzen. Es impliziert, auch seine Ecken und Kanten zu akzeptieren und nicht permanent an ihnen feilen zu wollen. Niemand ist fehlerfrei und perfekt. Wir alle sind nun einmal Menschen, All-inclusive-Wesen. Alles gehört zu uns, sowohl unsere guten als auch unsere verbesserungswürdigen Seiten.

Die Würde des Menschen hängt nicht von seinen Erfolgen ab. Wenn sich Menschen auf Augenhöhe begegnen, entsteht ein wertschätzendes und respektvolles Miteinander, kein Nebeneinander. Das baut Nähe auf. Durch das Miteinander entwickeln sich gute Beziehungen. Beziehungen, die auf Vertrauen, Wertschätzung, Respekt basieren. Beziehungen, die Freude und Liebe mit sich bringen. Wir Menschen brauchen jene Art von Beziehungen, sie tragen zur Gesundheit bei.

Sich wertschätzend zu begegnen, bedeutet nicht, alles gutzuheißen, erdulden oder ertragen zu müssen. Nicht immer ist man mit anderen Personen einer Meinung, man kann durchaus leidenschaftlich über dieses und jenes diskutieren. Selbstverständlich muss man nicht jedes Verhalten in Ordnung finden. Es ist jedoch essenziell, das Gegenüber nicht verbal abzuwerten.

Beispiele aus dem Leben:

- *Der Topf ist nicht sauber abgewaschen, es sind noch Speisereste enthalten.*
- *Bist du zu dumm, den Topf sauber abzuwaschen?*

An obigem Beispiel wird der Unterschied zwischen dem Verhalten und der Person deutlich. Satz 1 beschreibt das Fehlverhalten, Satz 2 die Abwertung der Person. Manchmal hören wir Satz 2 heraus, obwohl Satz 1 geäußert wird. Man interpretiert in die erste Aussage etwas anderes hinein, als tatsächlich gesagt wurde. Auf der anderen Seite kann jemand zwar die Worte des 1. Satzes verbal aussprechen und sich den 2. Satz insgeheim denken. Dann kommt der 1. Satz natürlich beim Gegenüber nicht glaubhaft an. Der Sprecher ist nicht authentisch.

Tatsächlich bringen wir Menschen, mit denen wir uns gut verstehen, leichter Wertschätzung entgegen. Wir sind sehr darauf bedacht, diese Beziehungen auf einer wohlwollenden Basis zu gestalten. Sollte es trotzdem zu Unstimmigkeiten oder Konflikten kommen, sind wir bemüht, diese aus dem Weg zu räumen. Denn wir wissen: Konflikte gehören zu Beziehungen dazu. Wo Menschen aufeinandertreffen, gibt es Reibungspotenzial. Werden Konfliktgespräche nicht geführt, ist das gemeinsame Tun gefährdet.

Wie sieht Wertschätzung bei Menschen aus, mit denen wir uns nicht auf einer Wellenlänge befinden? Zugegebenermaßen ist es durchaus eine Herausforderung, unter derartigen Umständen eine gute und wertschätzende Gesprächsbasis zu finden. Hin und wieder gibt es Begegnungen mit Menschen, die sich als sehr schwierig erweisen. Das ist ebenfalls menschlich und legitim. Es wird immer jemanden geben, mit dem wir allen Bemühungen zum Trotz nicht „können". Oder der andere zeigt kein Interesse an einem respektvollen Miteinander. Wenn das der Fall ist, sollten wir es uns eingestehen und akzeptieren. Wir müssen uns nicht kleinmachen, erniedrigen oder gar dafür schämen.

6.3 Werte achten

Wertschätzung kann auf eine weitere Art ausgelegt werden, im Sinne von „Werte schätzen". Unter Werten versteht man bestimmte Haltungen eines Menschen. Seine Tugenden. Tugenden dienen dazu, dem Menschen den Weg zu weisen und ihn zum richtigen Handeln zu führen. Werte sind Kraftquellen, wie Pater Anselm Grün erklärt. *„Virtus"*, das lateinische Wort für „Tugend", bedeutet auch „Kraft", „Kraftquelle", „Wert". Das Gute daran: Diese Quellen versiegen nicht, sondern sprudeln immerwährend. Somit können wir aus ihnen Kraft schöpfen, sofern wir sie in uns gefunden haben. Im Englischen heißt Wert „value", was sich auf das lateinische Verb *„valere"* zurückführen lässt, was im Deutschen „gesund sein" oder „stark sein" bedeutet. Kraftquellen sind zwar in jedem von uns angelegt, jedoch müssen wir uns ihrer bewusst sein und sie zu nutzen wissen. Nur dann versorgen sie uns mit der notwendigen Energie und Kraft und tragen zur Gesundheit bei (vgl. Grün 2009).

Damit Pflanzen wachsen und gedeihen, brauchen sie eine gute Umgebung und Nährstoffe. Nicht der Gärtner lässt sie sprießen, sondern Erde, Wasser, Sonne und Dünger. Gewiss braucht der Gärtner ein Gespür für Pflanzen. Wir Menschen brauchen gleichermaßen Nährstoffe und eine gute Umgebung, damit wir uns körperlich, geistig und seelisch gut entwickeln.

Werte sind solche Nährstoffe. In Anlehnung an Pater Anselm Grün machen platonische Werte (Tapferkeit, rechtes Maß, Gerechtigkeit, Klugheit) und christliche Werte (Glaube, Liebe, Hoffnung) das Leben wertvoll (vgl. Grün 2009):

6 Achtsam. Wertvoll

- **Tapferkeit** bedeutet Mut. Mut, den eigenen Weg zu gehen, Mut, sich eine eigene Meinung zu bilden und dafür einzustehen.
- Dazu ist es sinnvoll, sich selbst und das eigene **Maß** zu kennen – die eigenen Stärken, den eigenen Rhythmus, die eigenen Grenzen.
- In erster Linie meint **Gerechtigkeit** den Umgang mit sich selbst und in zweiter Linie den Umgang mit den Mitmenschen. Sich selbst gerecht zu werden, sich selbst zu entsprechen, bedeutet, dass man in seiner Mitte ist, eine innere Zufriedenheit spürt und sich in seiner Haut wohlfühlt.
- **Klugheit** meint die Fähigkeit, situativ richtige Entscheidungen zu treffen. Gegebenenfalls bei Fehlentscheidungen aus seinen Fehlern zu lernen und mutig neue Entscheidungen zu treffen.
- Der **Glaube** beinhaltet sowohl den Glauben an sich selbst als auch den Glauben an die Mitmenschen. Er beinhaltet aber auch, an das Gute zu glauben.
- **Liebe** meint die Liebe zu sich selbst und einen wohlwollenden Umgang mit seinen Mitmenschen zu pflegen.
- **Hoffnung** gibt Kraft. Gerade in schwierigen Zeiten ist dieser Wert kostbar.

Werte sind nicht nur Nährstoffe für die Seele, sondern auch für den Geist und den Körper. Derartige Nährstoffe können wir nicht mit einer Vitamintablette zu uns nehmen. Diese Nährstoffe müssen wir vielmehr in unseren Alltag und unser Tun integrieren und sie leben. Bekommt der menschliche Organismus langfristig zu wenig dieser gesunden Nährstoffe, zeigt er Mangelerscheinungen. Der Körper reagiert mit Schmerzen, im Geist laufen die Gedanken im Kreis und die Seele verkümmert.

Ideelle Werte haben längst Einzug gehalten in Wirtschaft und Unternehmen. Peter Drucker gilt als einer der wegweisenden Managementvordenker. Nicht Profitdenken, sondern Menschen sind langfristig die wertvollste, wesentliche Ressource in einer Organisation (vgl. Drucker 2009). Untersuchungen zeigen, dass Unternehmen langfristig erfolgreicher sind, wenn Menschen sich einander wertschätzend begegnen und sich gegenseitig unterstützen. Unternehmen, in denen Mobbing kein Thema ist. Menschen wünschen sich, gesehen, beachtet und geachtet zu werden. Dann sind sie gewillt, gute Leistungen zu erbringen. Sie fühlen sich als ein wertvoller Mensch wahrgenommen und nicht als austauschbarer Produktionsfaktor. Wer möchte gerne als austauschbar, als ein Gegenstand wahrgenommen werden? Nicht gut funktionierende Beziehungen sind die Folge. Diese sind Seelenfolter. Dann ist es nicht verwunderlich, wenn Beziehungen in die Brüche gehen oder Menschen bei der Arbeit innerlich kündigen, unmotiviert ihre Arbeit verrichten und schlussendlich die Produktivität darunter leidet. Denn Mitarbeiter, die sich geachtet, gesehen und geschätzt fühlen, sind produktiver, haben weniger Fehlzeiten und sind gesünder. Diese Mitarbeiter erfüllen ihre Arbeit mit einer positiven Einstellung. Die von ihnen hergestellten Produkte und erbrachten Dienstleistungen sind qualitativ hochwertiger. In anderen Worten: Es ist die Erfüllung, die zur erfüllten Arbeit führt.

6.4 GeDANKEN

Ein Dank ist viel mehr als nur eine Form von Höflichkeit. Er ist im Leben und für zwischenmenschliche Beziehungen eine der wichtigsten Säulen. Ein Dank beziehungsweise ein Dankeschön entfaltet eine enorme Wirkkraft – sowohl für uns selbst als auch für das Gegenüber. Dr.

Hans-Arved Willberg, Theologe, Philosoph sowie Heilpraktiker für Psychotherapie, zeigt in seinem Werk *Dankbarkeit*, dass unserer seelischen Gesundheit nichts so guttut wie ehrliche Dankbarkeit (vgl. Willberg 2017). Ich bin mir sicher, jeder von uns kennt das schöne Empfinden, das ein aufrichtiges Danke auslöst. Das Empfinden von Dankbarkeit setzt im Gehirn Dopamin und Serotonin frei. Diese beiden Hormone sind umgangssprachlich als Glückshormone bekannt, obwohl sie im Detail viele andere und unterschiedliche Aufgaben im menschlichen Körper übernehmen. Serotonin wirkt auf die Stimmung, Dopamin ist ein Botenstoff oder Neurotransmitter und dafür verantwortlich, dass wir Glücksgefühle empfinden können. Dopamin motiviert und aktiviert den Organismus. Eine gute Zusammenarbeit dieser beiden Botenstoffe lässt Menschen strahlen.

Ein Dank ist ein Ausdruck von Wertschätzung. Die dankende Person ist sich dessen bewusst, dass nicht alles selbstverständlich ist. Sie signalisiert ihrem Gegenüber: *„Ich schätze sehr, was du für mich leistest. Es ist bedeutsam und wertvoll."*

Wir alle kennen Tage, die unrund laufen. Die Welt hat sich scheinbar gegen uns verschworen. Das viel zitierte Sprichwort: „Ein Unglück kommt selten allein" beschreibt sehr treffend, wie derartige Tage ablaufen. Man hat den Eindruck, alles läuft schief. An solchen Tagen wird das Positive nicht mehr bewusst wahrgenommen, obwohl mit Sicherheit einiges gut läuft. Man sieht jedoch alle Dinge durch einen negativen Filter. Das erzeugt Stress und Unzufriedenheit. Da kann das Dankbarkeitstagebuch zum Einsatz kommen und wertvolle Arbeit leisten, indem es die eigene Zufriedenheit bewusst macht. Dankbarkeitstagebücher gibt es in gebundener Form zu kaufen. Beim Dankbarkeitstagebuch geht es nicht wie bei einem Tagebuch darum, das Tagesgeschehen, Gedanken und Gefühle festzuhalten, sondern darum, aufzuschreiben, wofür man dankbar ist. Ein Tagebuch zum Sammeln und Festhalten von kleinen und großen Momenten sozusagen.

Am Abend lässt man den Tag gedanklich Revue passieren, fragt sich, ob er tatsächlich so mies war. Was ist heute gut gelaufen? Wofür bin ich dankbar? So kann man beispielsweise erkennen, dass der verschüttete Kaffee dazu geführt hat, dass ein netter Kollege den Tisch und die Unterlagen getrocknet und ein tröstendes Wort parat hatte. Die Realität wird sozusagen geprüft und die negativen Aspekte des Tages werden relativiert. Der Blickwinkel auf den Tag wird somit verändert. Man sollte darauf achten, dass die Einträge nicht nur mechanisch aufgeschrieben werden, sondern dass die Dankbarkeit beim Schreiben tatsächlich empfunden wird. Das Gefühl kann man intensivieren, indem man jeden Eintrag für etwa 30 s auf sich wirken lässt und nochmals spürt. Beim Dankbarkeitstagebuch geht es nicht darum, Dinge krampfhaft positiv zu sehen, es trägt vielmehr dazu bei, bewusst zu sehen, was bereits gut ist und was unter Umständen nicht wahrgenommen oder als selbstverständlich betrachtet wird. Man schärft die Wahrnehmung auf die wertvollen Dinge, somit auch die kleineren Glücksmomente im Leben. Möglicherweise kommt der Gedanke auf, immer nur dasselbe festzuhalten. Man könnte beispielsweise täglich für die Familie, Freunde, für die Gesundheit dankbar sein. In derartigen Fällen könnte man genauer hinsehen und konkret notieren, warum man der Familie dankt.

Natürlich ist es immer schön, in seinem Dankbarkeitstagebuch zu lesen. Vor allem in Zeiten, die wir alle kennen, in denen es nicht so gut läuft, oder bei Rückschlägen ist es von unschätzbarem Wert, sich die positiven Dinge im Leben vor Augen zu halten. Sollte jemand schwerwiegende Probleme haben oder psychisch krank sein, braucht es zusätzlich professionelle Begleitung wie eine Psychotherapie.

Man sollte sich jedoch nicht selbst unter Druck setzen, etwas niederschreiben zu müssen. Genauso gut lassen sich der Tag beziehungsweise die schönen Dinge des Tages vor dem Einschlafen nochmals bewusst in Erinnerung rufen. Das hilft, mit einem guten Gefühl einzuschlafen.

6.5 Gedanken auf das Hier und Jetzt lenken

Wie oft schweifen Sie mit den Gedanken ab? Wahrscheinlich sehr oft. Das ist nicht verwunderlich bei der Fülle der Gedanken, die unser Gehirn tagtäglich durchlaufen. Wie oft geht Ihnen durch den Kopf, was als Nächstes ansteht? Wie oft kreisen Ihre Gedanken um schmerzliche Erinnerungen?

Meist bekommt man von der Gegenwart zu wenig mit. Und das Traurige dabei: Man nimmt gar nicht wahr, wo man mit seinen Gedanken ist.

> *Ein Beispiel aus dem Leben:*
> *Miriam startet wie so viele andere in den Tag: Sie steht auf, geht ins Bad, zieht sich an, checkt nebenbei Nachrichten, überlegt, was der Tag bringt, was eingekauft werden muss, postet Beiträge in sozialen Medien, frühstückt zwischendurch und hetzt dann zur Arbeit. In der Arbeit geht es in dem Modus der Hetze weiter. Der Streit mit ihrer Mutter kommt ihr immer wieder in den Sinn und geht ihr nicht aus dem Kopf.*

Fragt man bei Miriam nach, welches Gespräch sie beispielsweise mit ihrem Mann am Morgen geführt hat, kann sie kaum Antwort darauf geben, weil sie mit vielen anderen Dingen beschäftigt war und sie das Gespräch gar nicht bewusst wahrgenommen hat. So wie Miriam ergeht es vielen Menschen. Kein Wunder, wenn sich Betroffene gehetzt und gestresst fühlen. Sie können sich viel zu wenig auf das konzentrieren, was gerade ansteht. Sie bekommen meist gar nicht mit, was im Hier und Jetzt geschieht. Unkonzentriertheit, sich gehetzt fühlen, Zerstreutheit sind Phänomene unserer Zeit.

Leben findet ausschließlich im Hier und Jetzt statt. Theoretisch wissen das die meisten, bedauerlicherweise ist es jedoch eine in der Praxis viel zu wenig beachtete Botschaft. Leben im Hier und Jetzt bedeutet nicht, dass die Vergangenheit und die Zukunft keine Rolle spielen. Nein, es bedeutet, dass man die Vergangenheit abschließt und vor allem Schmerzhaftes aus der Kindheit loslässt. Das ist manchmal einfacher gesagt als getan. Vergangenes ist bereits vorbei und kann nicht mehr rückgängig gemacht werden, dennoch können Gedanken um die Vergangenheit kreisen.

Zukunftspläne sind sinnvoll. Man kann kreativ sein, sich Ziele setzen, sich auf sie freuen. Doch sollten sich die Gedanken nicht permanent mit dem beschäftigen, was sein könnte. Es sollte auch nicht sorgenvoll auf die Zukunft geblickt werden. Die Zukunft ist fern und sie schenkt dem jetzigen Moment zu wenig Aufmerksamkeit.

Präsent zu sein, bedeutet, bewusst zu tun, was man gerade tut. Achtsam zu sein und gedanklich ganz bei der Sache zu sein, der man sich im Augenblick widmet. Hic et nunc. Im Hier und im Jetzt. Stricken, Kundengespräche, Korrektur von Schularbeiten, Malerei, Meditation, bewusstes Atmen, Wanderungen – die Art der Tätigkeit spielt keine Rolle, es geht lediglich darum, dass man vollkommen in diese Tätigkeit eintaucht und das Außen scheinbar nicht mehr existiert. Zeit und Raum werden vergessen. Das ist der Moment, wo man seine intrinsische Motivation spürt und etwas um der Sache selbst willen tut. Der Psychologe Mihály Csíkszentmihályi bezeichnet dieses Jetzt-Erleben als Flow (aus dem Englischen) (vgl. Csíkszentmihályi 2017, S. 23). Der Zustand dieser Fokussierung auf eine Sache ist durchaus mit einer Meditation vergleichbar, bei der man nur den Augenblick erlebt, Vergangenheit und Zukunft aus den Gedanken schwinden, das Denken eingestellt wird und der Geist sich öffnet. Das hilft, den Alltag zu entschleunigen. Sorgen und Probleme treten in den Hintergrund.

Beobachten Sie sich selbst:

- *Sind Sie konzentriert bei der Sache?*
- *Wo sind Ihre Gedanken?*

Wann immer Sie konzentriert arbeiten und Ihre Gedanken bei der Sache sind und im Geist keine Probleme nebenbei gelöst werden, sind Sie im Hier und Jetzt. Man kann lernen, im Hier und Jetzt zu sein. Lenken Sie die Aufmerksamkeit bewusst auf die eine Sache. Dafür ist jede Tätigkeit geeignet, einerlei, ob Sie in einer Zeitschrift lesen, das Mittagessen zubereiten, Schularbeiten korrigieren oder ein Vollbad nehmen. Das eigene Tun bewusst mit den Sinnen zu erleben, ohne es im Kopf zu bewerten: zu fühlen, zu hören, zu riechen, zu schmecken, zu sehen. Wann immer Sie merken, dass Ihre Gedanken wieder abschweifen, halten Sie kurz inne und setzen Ihr Tun fort. Je öfter Sie das machen, desto besser gelingt es Ihnen, im Augenblick zu sein. Manchmal genügt ein Lächeln. Wann immer Sie daran denken, setzen Sie ein sanftes Lächeln auf.

Literatur

Csíkszentmihályi, M.: Flow. Das Geheimnis des Glücks. Aus dem Amerikanischen übersetzt von Annette Charpentier. Klett-Cotta, Frankfurt (2017)

Drucker, P. F.: Die fünf entscheidenden Fragen des Managements. Im Gespräch mit Collins Jim. Aus dem Amerikanischen übersetzt von Marlies Ferber. 1. Aufl. Wiley, Weinheim (2009)

Grün, A.: Führen mit Werten. Ethisch handeln – Herausforderungen bewältigen. Olzog, München (2009)

Grün, A.: Wertschätzung. Die inspirierende Kraft der gegenseitigen Achtung. Herder, Freiburg (2017)

Willberg, H.: Dankbarkeit. Grundprinzip der Menschlichkeit – Kraftquelle für ein gesundes Leben. Springer, Heidelberg (2017)

Wlodarek, E.: Die Kraft der Wertschätzung. Sich selbst und anderen positiv begegnen. Deutscher Taschenbuch Verlag, München (2019)

Raum für persönliche Vermerke

GPSR Compliance

The European Union's (EU) General Product Safety Regulation (GPSR) is a set of rules that requires consumer products to be safe and our obligations to ensure this.

If you have any concerns about our products, you can contact us on

ProductSafety@springernature.com

In case Publisher is established outside the EU, the EU authorized representative is:

Springer Nature Customer Service Center GmbH
Europaplatz 3
69115 Heidelberg, Germany

www.ingramcontent.com/pod-product-compliance
Lightning Source LLC
LaVergne TN
LVHW012110070526
838202LV00056B/5691